While every precaution has been taken in the preparation of this book, the publisher assumes no responsibility for errors or omissions, or for damages resulting from the use of the information contained herein.

DESAFIANDO FRONTERAS: LA ENIGMÁTICA MATA HARI

First edition. July 10, 2024.

Copyright © 2024 Sanchez Tristão.

ISBN: 979-8224766765

Written by Sanchez Tristão.

Desafiando fronteras:

La enigmática Mata Hari

Maurice Nuremberg

DEDICACIÓN

A quienes se atreven a desafiar los límites y a abrazar su verdadero yo. Este libro está dedicado al espíritu indomable de Mata Hari y a todas las mujeres que, como ella, desafían las normas sociales y forjan sus propios caminos.

Contenido

POR MAURICE NUREMBERG
DESAFIANDO FRONTERAS:
LA ENIGMÁTICA MATA HARI
POR MAURICE NUREMBERG

Prefacio

La vida de Mata Hari es un tapiz tejido con hilos de misterio, encanto y desafío. Como historiadora, siempre me han fascinado las figuras que desafían las convenciones de su época, y Mata Hari destaca como un personaje especialmente enigmático. Su historia es una historia de transformación y reinvención, de una mujer que forjó su propia identidad frente a la adversidad.

Este libro pretende desentrañar las complejidades de la vida de Mata Hari, separando el mito de la realidad y explorando los factores que configuraron su trayectoria. Desde sus primeros años en los Países Bajos hasta su ascenso como bailarina exótica en París y, por último, su controvertido papel en el espionaje de la Primera Guerra Mundial, la historia de Mata Hari es un convincente estudio de la interacción entre identidad, percepción e historia.

Para escribir este libro he recurrido a una amplia investigación, que incluye material de archivo, cartas personales y relatos contemporáneos, para presentar un retrato matizado de una mujer que sigue intrigando e inspirando. Espero que los lectores adquieran un conocimiento más profundo de Mata Hari, no sólo como espía o bailarina, sino como una persona compleja y polifacética que navegó por los límites de su mundo con valentía y resistencia.

M.Nuremberg

Michigan

2024

Capítulo 1: Vida temprana e infancia

Mata Hari, la enigmática mujer que cautivaría al mundo con su encanto y misterio, tuvo un comienzo humilde en su vida temprana y su infancia. Nacida el 7 de agosto de 1876 en Leeuwarden (Países Bajos), sus padres, Adam Zelle y Antje van der Meulen, le dieron el nombre de Margaretha Geertruida Zelle.

La infancia de Mata Hari, que creció en un hogar estricto y modesto, estuvo marcada por los valores y tradiciones de su ascendencia holandesa. Su padre, Adam, trabajaba como comerciante de sombreros, mientras su madre se ocupaba de la casa y de sus cuatro hijos, de los que Margaretha era la mayor. Aunque la familia tenía medios limitados, se las arreglaron para proporcionar a sus hijos un entorno cómodo y enriquecedor.

Desde muy joven, Margaretha mostró un talento innato para contar historias y una creatividad cautivadora que atraía a los demás a los mundos encantadores que creaba sin esfuerzo. Tenía facilidad para contar historias y a menudo se la encontraba tejiendo cuentos imaginativos para sus hermanos y amigos. Su vívida imaginación fue alimentada por sus padres, que la animaron a abrazar su lado artístico. Desde muy pequeña, era evidente que Margaretha poseía un espíritu que anhelaba aventuras más allá de los límites de su pequeña ciudad.

A pesar de sus tempranas ansias de aventura, la idílica infancia de Margaretha dio un giro trágico a la tierna edad de 13 años. En 1889, el padre de Margaretha, Adam, fue víctima de la bancarrota y falleció poco después. Este suceso tuvo un profundo impacto en la joven Margaretha y su familia, obligándoles a enfrentarse a dificultades económicas y a un futuro sombrío. La pérdida de su padre, que había sido su guía, marcó un punto de inflexión en la vida de Margaretha, impulsándola hacia territorios desconocidos.

La madre de Margaretha, Antje, se enfrentaba a un reto desalentador como viuda con medios limitados. Decidida a asegurar un futuro mejor para sus hijos, envió a Margaretha a vivir con su padrino a Sneek, otra ciudad de los Países Bajos. Fue allí donde Margaretha descubrió su amor por la danza. Se entrenaba rigurosamente y encontraba consuelo en los elegantes movimientos que le permitían expresarse libremente, una forma de evadirse de las penurias que había sufrido.

En 1895, a los 18 años, Margaretha respondió a la llamada de la aventura y se trasladó a La Haya, la capital política de los Países Bajos. Su objetivo era trabajar como maestra de guardería, una profesión que encajaba con su naturaleza cariñosa. En medio de las bulliciosas calles de La Haya, Margaretha se vio envuelta en un torbellino de modernidad y libertad recién descubierta, mientras la sociedad experimentaba una evolución transformadora ante sus ojos.

Sin embargo, en medio de sus elevadas ambiciones, el corazón de Margaretha se dejó seducir por un camino divergente, encendiendo un conflicto en su interior que marcaría sus decisiones futuras. Llamó la atención del capitán Rudolf MacLeod, un oficial holandés que servía en las Indias Orientales Holandesas, hoy Indonesia. Atraída por su carisma y sus promesas de una vida llena de aventuras, Margaretha entabló un apasionado romance con el apuesto militar. Cautivada por sus historias de tierras lejanas y culturas exóticas, Margaretha estaba deseosa de escapar de su mundana existencia y abrazar lo desconocido.

En 1895, Margaretha se casó con el capitán MacLeod, y su vida volvió a dar un giro drástico. Dejó atrás sus aspiraciones de enseñar para acompañar a su marido a las Indias Orientales Holandesas. Inmersa en el vibrante tapiz de la cultura indonesia, con su caleidoscopio de ricas tradiciones y coloridas costumbres, la sed de libertad y autoexpresión de Margaretha floreció en medio del exótico encanto de su entorno.

Cada día que pasaba, el espíritu de Margaretha brillaba más, anhelando algo más que los confines de la vida militar de su marido. Sin embargo, poco sabía que su viaje no había hecho más que empezar, pues la joven que se convertiría en Mata Hari aún no había salido del capullo que la había cobijado hasta entonces.

Al concluir la primera mitad de este capítulo, dejamos atrás los años de formación de Margaretha y nos embarcamos en un viaje que desentrañará la extraordinaria vida de Mata Hari. Desde su transformación en una fascinante bailarina hasta sus enigmáticas actividades como espía, la historia de desafío e intriga comienza a tomar forma. Acompáñenos mientras profundizamos en la vida de Mata Hari y abraza el espíritu indómito que desafió los límites y cautivó al mundo.

...El viaje de Margaretha a la extraordinaria vida de Mata Hari no había hecho más que empezar, cuando se aventuró en el reino de la danza y el espionaje. A cada paso que daba, desafiaba los límites y cautivaba al mundo que la rodeaba.

En la vibrante ciudad de París, Margaretha se sumergió en la animada escena artística. Inspirada por la libertad de expresión de la que fue testigo, comenzó a crear meticulosamente su propio estilo de danza, mezclando diversas influencias de sus viajes por las Indias Orientales Holandesas y su creatividad innata. Inspirándose en los elegantes movimientos que había descubierto en Indonesia, los infundió con elementos de la danza india y javanesa, creando una fusión fascinante que se convertiría en su seña de identidad.

Bajo el nombre artístico de Mata Hari, que significa "ojo del día" en malayo, Margaretha se transformó en una bailarina hechizante que cautivaba al público con su sensualidad y su exótico encanto. Sus actuaciones eran un caleidoscopio de colores y emociones, mientras tejía intrincadas coreografías y dominaba el escenario sin esfuerzo.

Mata Hari hechizaba a sus espectadores, dejándoles embelesados y con ganas de más.

A medida que su estrella seguía creciendo, las cautivadoras actuaciones de Mata Hari atrajeron la atención de influyentes personalidades de toda Europa. Se convirtió en una artista muy solicitada, que actuó en prestigiosos escenarios como el Folies Bergère y la Ópera de París. Su estilo poco convencional y su actitud intrépida la convirtieron en un icono de la Belle Époque, encarnando el espíritu de una sociedad cambiante que abrazaba la liberación de la mujer.

Sin embargo, más allá del brillo y el glamour del escenario, Mata Hari estaba a punto de embarcarse en un viaje clandestino que marcaría el curso de su vida para siempre. El estallido de la Primera Guerra Mundial en 1914 sumió a Europa en un estado de agitación, proporcionando el telón de fondo perfecto para el espionaje y la intriga.

Mata Hari pronto se vio atrapada en la red de la política internacional y el espionaje. Con su extravagante personalidad y su capacidad para cautivar a cualquiera que se cruzara en su camino, se convirtió en un atractivo activo para varias agencias de inteligencia. La seducción se convirtió en su arma, y utilizó su encanto y atractivo para obtener información de hombres influyentes de ambos bandos de la guerra.

Sin saberlo, Mata Hari había entrado sin saberlo en el peligroso mundo de los espías. Se vio envuelta en una compleja red de misiones secretas, contraespionaje y agentes dobles. Su vida era un delicado juego de equilibrios, ya que jugaba a dos bandas, arriesgando su propia seguridad en aras de la supervivencia y la persecución de sus propios deseos.

Sin embargo, la seductora atracción del espionaje acabaría sellando el trágico destino de Mata Hari, conduciéndola por un camino de traición y caída inevitable. En 1917 fue detenida por las autoridades francesas, acusada de ser una agente doble y de trabajar como espía alemana. A pesar de sus declaraciones de inocencia, las pruebas en su contra eran irrefutables, y se enfrentó a un juicio muy publicitado que cautivaría al mundo entero.

El juicio de Mata Hari se convirtió en un espectáculo, alimentando la fascinación pública por su enigmático personaje. La sala se llenó de periodistas y espectadores, ansiosos por ver a la seductora espía acusada de traicionar a su país. Mata Hari mantuvo la compostura, mostrando la misma gracia y aplomo que habían cautivado al público en la pista de baile. Se negó a revelar cualquier información que pudiera implicar a otras personas involucradas en sus actividades de espionaje.

A pesar de sus esfuerzos, Mata Hari fue declarada culpable y condenada a muerte. El 15 de octubre de 1917, afrontó su ejecución con un valor sin parangón. De pie ante el pelotón de fusilamiento, mantuvo su dignidad hasta el final, inquebrantable ante su destino.

Tras su muerte, el enigmático legado de Mata Hari alcanzó proporciones míticas, envolviendo su historia en un velo imperecedero de intriga y fascinación. Se convirtió en un símbolo de intriga y misterio, una mujer que desafió las expectativas sociales y jugó con los límites del género, la interpretación y el patriotismo. El encanto de su historia sigue cautivando al público hoy en día, ya que la enigmática Mata Hari sigue siendo un emblema de una época pasada de decadencia y espionaje.

Al concluir el relato de la extraordinaria vida de Mata Hari, nos quedamos maravillados por su audacia y valentía. Su desafío a las limitaciones sociales dejó una huella indeleble en la historia, un testimonio del poder perdurable de la resistencia y del tentador atractivo de los territorios desconocidos. La saga de Mata Hari es un testimonio intemporal del inquebrantable espíritu humano, una búsqueda perpetua de la aventura, la libertad y lo desconocido que resuena a través de las generaciones.

Capítulo 2: Problemas matrimoniales y un nuevo comienzo

En la misteriosa ciudad de Leeuwarden, situada en el norte de Holanda, una joven llamada Margaretha Zelle, que más tarde sería conocida como Mata Hari, observaba clandestinamente el mundo que la rodeaba. Esta chica aparentemente sencilla, nacida el 7 de agosto de 1876, se convertiría en una de las figuras más enigmáticas y controvertidas de su época.

Los años de formación de Margaretha estuvieron plagados de tragedias y adversidades, que forjaron su carácter y su resistencia. Sus padres, Adam Zelle y Antje van der Meulen, soñaban con una vida familiar feliz y próspera. Sin embargo, el destino les tenía reservados otros planes. La madre de Margaretha falleció cuando ella era sólo una tierna niña de 15 años, dejándola sola en las tumultuosas aguas de la adolescencia.

La pérdida de su madre afectó profundamente a Margaretha, dejando un vacío en su corazón que parecía imposible de llenar. En busca de consuelo y estabilidad, recurrió a su padre, pero Adam Zelle luchaba por sobrellevar su dolor. Su relación se volvió tensa, y Margaretha anhelaba escapar del caos que había consumido a su familia.

A los 18 años, Margaretha decidió tomar las riendas de su destino. Tomó la audaz decisión de casarse con un oficial de la marina holandesa llamado Rudolf MacLeod. El 11 de julio de 1895, la joven pareja intercambió votos, convencida de que el matrimonio les proporcionaría la estabilidad y el amor que ambos buscaban desesperadamente. Sin saberlo, su unión pronto se convertiría en cualquier cosa menos felicidad.

La vida como esposa de un oficial naval enfrentó a Margaretha a los retos de una existencia nómada. Se trasladó con Rudolf a varias bases navales, incluidas las Indias Orientales Holandesas, hoy Indonesia. Fue allí donde la pareja dio la bienvenida a su primer hijo, Norman John.

Sin embargo, los sueños de Margaretha de una vida familiar feliz empezaron a desmoronarse. El alcoholismo y el comportamiento abusivo de Rudolf ensombrecían su matrimonio. Margaretha se encontró atrapada en un ciclo de incertidumbre y miedo, buscando desesperadamente un rayo de esperanza en medio del caos. Su espíritu anhelaba algo más, algo más allá de los confines de su problemático matrimonio.

En 1902, Margaretha tomó una decisión que cambió su vida. Decidió abandonar a Rudolf y liberarse de las cadenas de una unión infeliz. Con el coraje como guía, se embarcó en un viaje de autodescubrimiento e independencia. Dejando a su hijo al cuidado de su familia, Margaretha se propuso reinventarse y encontrar su lugar en el mundo.

Al abrazar su nueva libertad, Margaretha empezó a explorar sus pasiones e intereses. Adoptó el nombre de Mata Hari, que significa "ojo del día" en malayo, y se sumergió en la vibrante cultura de París, la ciudad de las luces. Fue en esta bulliciosa metrópolis donde sembraría las semillas de su leyenda.

Mata Hari, armada con su belleza natural y su cautivadora presencia, se convirtió rápidamente en la comidilla de la ciudad. Se movía con soltura entre la élite social y se ganó la adoración de personalidades influyentes y artistas. Su gracia y atractivo cautiváron los corazones, convirtiéndola en la mujer fatal por excelencia de su época.

Sin embargo, bajo su encantadora fachada, Mata Hari luchaba por conciliar sus deseos de independencia y maternidad. La separación de su hijo pesaba mucho en su alma, creando un conflicto interno irreductible. Deseaba ardientemente recuperar su papel de madre y, al mismo tiempo, abrazar el embriagador encanto de su recién encontrada libertad.

A medida que el primer capítulo se acerca a su fin, el viaje de Mata Hari no ha hecho más que empezar, con giros y sorpresas. El camino que eligió, lleno de triunfos y tribulaciones, la conduciría por una traicionera senda de espionaje, escándalo y, en última instancia, tragedia. Poco sabía el mundo que esta mujer, atrapada en un matrimonio sin amor, desafiaría los límites y dejaría una huella indeleble en la historia.

Cuando Mata Hari se instaló en su nueva vida en París, quedó enamorada del vibrante ambiente de la ciudad y de su próspera escena artística. Abrazar el estilo de vida bohemio ofreció a Mata Hari la ansiada independencia y libertad que anhelaba. Se convirtió en una presencia habitual en los cafés de la ciudad, codeándose con poetas, pintores e intelectuales que se sentían atraídos por su encanto y atractivo.

Uno de esos encuentros tuvo un impacto duradero en la vida de Mata Hari. Conoció a Édouard Fouché, un artista de renombre, que quedó cautivado por su encantadora belleza. Ambos se embarcaron en una apasionada historia de amor, compartiendo una profunda conexión que resonó en el alma de Mata Hari. Fouché reconoció su espíritu y la animó a abrazar su verdadero yo, alimentando su deseo de trascender los límites sociales y reclamar su lugar en el mundo.

Con la confianza recién adquirida, Mata Hari abrazó su identidad como bailarina y empezó a actuar en clubes nocturnos parisinos. Sus actuaciones eran únicas, mezclando elementos de la danza tradicional indonesia con su propio estilo sensual. Sus seductores trajes y provocativos movimientos hipnotizaban al público, cautivando a hombres y mujeres por igual.

Al mismo tiempo, Mata Hari se sintió atraída por el mundo del espionaje. El atractivo del peligro y el secretismo encendió un fuego en su interior, y empezó a relacionarse con figuras influyentes que se movían en el ámbito de la política internacional. Gracias a sus contactos, obtuvo acceso a información privilegiada que utilizó en su beneficio.

Fascinado por su enigmática aura, el cónsul alemán en Ámsterdam buscó a Mata Hari y le presentó la tentadora perspectiva de convertirse en espía de Alemania. Mata Hari aprovechó la oportunidad para demostrar su valía y se embarcó en una doble vida como bailarina y espía.

Bajo la apariencia de sus actuaciones, Mata Hari viajó mucho por Europa, asistiendo a lujosas fiestas y mezclándose en los círculos de la alta sociedad. Su belleza y carisma le permitían recopilar valiosa información, que transmitía hábilmente a sus contactos alemanes. El papel de espía de Mata Hari se convirtió en una intrincada danza de disfraces y secretos, mientras navegaba por el peligroso mundo del espionaje internacional.

Sin embargo, su vida como espía estuvo plagada de riesgos e incertidumbre. A medida que se intensificaba la Primera Guerra Mundial, aumentaban las sospechas en torno a Mata Hari y sus acciones eran objeto de escrutinio. En 1917, fue detenida por las autoridades francesas acusada de ser una doble agente. Mata Hari fue acusada de traicionar a su país natal, Holanda, espiando para Alemania. Su glamurosa reputación de mujer fatal la convirtió en el chivo expiatorio perfecto para los temores bélicos, y se enfrentó a un juicio de gran repercusión.

Durante todo el juicio, Mata Hari mantuvo su inocencia, pero las pruebas presentadas contra ella eran condenatorias. La acusación la pintó como una seductora que utilizaba su encanto para manipular a los hombres y extraer valiosos secretos. Su pasado como bailarina y sus conexiones con personas poderosas despertaron sospechas, empañando aún más su imagen pública.

Incluso en su valiente defensa, el destino de Mata Hari estaba sellado, ya que fue injustamente declarada culpable y condenada a muerte. El 15 de octubre de 1917, se enfrentó a un pelotón de fusilamiento con una valentía inquebrantable, negándose a que le vendaran los ojos y afrontando su destino con una determinación estoica.

La historia de Mata Hari sigue cautivando e intrigando, incluso un siglo después de su muerte. La vida de Mata Hari es un testimonio de la fuerza que se encuentra al desafiar las normas sociales y abrazar el auténtico yo, especialmente en medio de las pruebas de la vida. Su fusión de arte y espionaje dejó un legado duradero que la inmortalizó como una figura misteriosa que desafió con audacia las convenciones de su época.

El legado de Mata Hari sigue rodeado de misterio, y sus verdaderas motivaciones y lealtades siguen siendo objeto de especulación. Sin embargo, su historia es un conmovedor recordatorio de la complejidad de la naturaleza humana, el atractivo de los deseos prohibidos y la eterna búsqueda de la libertad y el autodescubrimiento. Al adentrarnos en su enigmática vida, desentrañamos una narración que desafía las limitaciones del tiempo, evocando un sentimiento de curiosidad y un anhelo de revelaciones que quizá se nos escapen para siempre.

Capítulo 3: Abrazar lo exótico

Misteriosa y enigmática, Mata Hari era una mujer con muchas facetas. Aunque su nombre se convertiría en sinónimo de espionaje y escándalo, su viaje comenzó con una fascinante fascinación por las culturas orientales. Fue a través de esta exploración de lo exótico como encontró su verdadera vocación de bailarina cautivadora, sentando las bases de su cautivadora personalidad.

Nacida como Margaretha Geertruida Zelle en los Países Bajos en 1876, la vida de Mata Hari dio un giro drástico tras su matrimonio con el capitán Rudolf MacLeod, oficial del ejército holandés. Tras su unión, emprendió un viaje a las Indias Orientales, donde conoció un mundo de vibrantes culturas que dejarían para siempre una huella indeleble en su espíritu.

El encanto de estos paisajes, ricos en exotismo, despertó en ella un sentimiento de aventura. Fue aquí donde empezó a abrazar la seductora mística de Oriente, allanando el camino para su futura transformación.

No se puede subestimar la influencia del tiempo que Mata Hari pasó en las Indias Orientales en su dirección artística. Quedó cautivada por las sensuales formas de danza que presenció, que combinaban delicados movimientos con una intrincada narración. La fluidez de los cuerpos de las bailarinas, sus gráciles gestos y el seductor encanto que desprendían le llegaban a lo más profundo de su ser.

Guiada por su creciente fascinación por las culturas orientales, Mata Hari se aventuró en el mundo de la danza. Aprendió los movimientos tradicionales de las Indias Orientales, perfeccionando sus habilidades con una determinación inigualable. Pronto empezó a crear su propio estilo, mezclando la elegancia de la danza clásica con la sensualidad que había visto en las calles de Java.

En su debut como bailarina, las actuaciones de Mata Hari suscitaron asombro y controversia. Su atrevimiento al desafiar las normas sociales llamó la atención del público, levantando cejas y evocando intriga. Con una coreografía cautivadora y un vestuario atrevido, transportaba a los espectadores a un reino de exótico esplendor.

Con cada actuación, Mata Hari se transformaba en la encarnación de Oriente. Su persona se convirtió en una embriagadora mezcla de misterio y encanto, una fuerza de la naturaleza que fascinaba a todos los que la contemplaban. Su capacidad para cautivar y cautivar al público no tenía parangón, y dejaba una huella indeleble en su memoria.

Las actuaciones de Mata Hari se difundieron como la pólvora y traspasaron las fronteras de las Indias Orientales. Su aura de encanto no tardó en atraer la atención de personalidades influyentes de París, epicentro cultural de principios del siglo XX. La Ciudad de la Luz sería el escenario perfecto para su ascenso a la fama.

Haciendo gala de su nuevo atractivo, Mata Hari se abrió camino hasta los locales más prestigiosos de París. Sus actuaciones rebosaban exotismo, desafiaban el statu quo y las expectativas de la sociedad. El público quedó cautivado por su fascinante viaje a través de los reinos de lo desconocido y se quedó con ganas de más.

A medida que la fama de Mata Hari se disparaba, también lo hacía el escrutinio en torno a su estilo de vida poco convencional. La sociedad que una vez quedó cautivada por ella se apresuró a cuestionar su moralidad y sus intenciones. Los rumores hablaban de alianzas dudosas y planes ocultos. Poco sabía el mundo que la verdadera transformación de   Mata   Hari   estaba   aún   por   llegar.

A medida que nos adentremos en la historia de Mata Hari, seremos testigos de su evolución desde observadora curiosa de las culturas orientales hasta encarnación de su mística. Sin embargo, el viaje que nos espera está lleno de giros imprevistos, de misterios por desvelar. Prepárense, porque la segunda mitad de este capítulo desvelará los secretos que se esconden tras el enigmático personaje de Mata Hari y que, en última instancia, allanarán el camino para su enredo en un peligroso mundo de espionaje.

Mientras Mata Hari seguía cautivando al público con sus fascinantes actuaciones, su fama alcanzó nuevas cotas en el epicentro cultural de París. Su enigmática personalidad, combinada con un exótico encanto, electrizó a la élite de la ciudad. Los prestigiosos teatros y cabarets de París abrieron sus puertas a Mata Hari, cautivados por su mezcla única de sensualidad y narración.

París quedó encantada con las actuaciones de Mata Hari, que traspasó los límites de las expectativas sociales con su atrevida coreografía y sus provocativos trajes. Con cada grácil movimiento, transportaba a su público a tierras lejanas, evocando una sensación de asombro y fascinación. Sus actuaciones se convirtieron en mucho más que un mero entretenimiento: eran una exploración de lo desconocido, una invitación a escapar de lo mundano y abrazar lo exótico.

Cuando los rumores sobre su estilo de vida poco convencional empezaron a circular entre la sociedad parisina, la intriga se mezcló con el juicio. La audacia de Mata Hari suscitaba admiración y escepticismo. Su público, cautivado por su arte, ansiaba conocer a la mujer que se ocultaba tras la mística, pero seguía siendo un enigma, una figura escurridiza envuelta en rumores y especulaciones.

A pesar del creciente escrutinio, la estrella de Mata Hari siguió creciendo. El atractivo de sus actuaciones y el aire de misterio que la rodeaba atrajeron la atención de personajes influyentes de las altas esferas de la sociedad parisina. Se convirtió en una musa para artistas y escritores en busca de inspiración, un símbolo de liberación para quienes anhelaban liberarse de las ataduras sociales.

Sin embargo, con la fama aumentaron el escrutinio y el juicio. Los rumores en torno a la vida personal de Mata Hari eran cada vez más fuertes y malintencionados. Los rumores de alianzas dudosas y planes ocultos chocaron con su creciente popularidad. La fascinación del público empezó a entremezclarse con un sentimiento de paranoia y desconfianza, ensombreciendo su encanto antaño intocable.

En medio del caos que la rodeaba, Mata Hari encontró consuelo en su arte. El escenario se convirtió en su santuario, un lugar donde podía trascender las limitaciones sociales y abrazar plenamente su exótica personalidad. Sus actuaciones se volvieron más audaces y atrevidas, sobrepasando los límites de lo aceptable. Cada baile era una manifestación de su viaje, un testimonio de su transformación.

Pero a medida que el mundo se adentraba en el encanto de las actuaciones de Mata Hari, su verdadera transformación aún estaba por llegar. Nadie sabía que bajo su cautivador encanto se escondía una mujer sedienta de aventuras, dispuesta a recorrer un camino traicionero que alteraría para siempre el curso de la historia.

En la segunda parte de este apasionante capítulo, descubriremos los secretos que encierra el enigmático personaje de Mata Hari. Seremos testigos de su enredo en un mundo de espionaje e intriga, un destino para el que ninguna actuación en el escenario más grandioso podría haberla preparado. Prepárense, porque el viaje que les espera estará lleno de giros inesperados, que pondrán al descubierto las verdaderas profundidades del desafío y la resistencia de Mata Hari.

Siga con nosotros mientras profundizamos en la historia de Mata Hari, un enigma cuya danza sedujo al mundo y cuyo destino desafiaría para siempre los límites. La cautivadora historia de Mata Hari está lejos de terminar, y los secretos que nos aguardan asombrarán y cautivarán.

Capítulo 4: El ascenso a la fama

En la gran ciudad de París, donde la elegancia y la pasión se entrelazaban, Mata Hari comenzó su viaje hacia la fama y la prominencia. Con su enigmático encanto y su baile seductor, cautivó la atención de influyentes personajes de la sociedad parisina, atrapando sus corazones y sus mentes.

Nacida en los Países Bajos, Margaretha Geertruida Zelle, Mata Hari no tuvo una vida ordinaria. Sus primeros años de vida fueron testigos de una serie de acontecimientos tumultuosos que forjarían su destino. Casada muy joven con Rudolf MacLeod, oficial del ejército colonial holandés, Mata Hari se vio inmersa en un mundo de cultura militar y paisajes exóticos.

Fue durante su estancia en las Indias Orientales Neerlandesas cuando Mata Hari conoció por primera vez las formas de danza tradicional que más tarde se convertirían en su seña de identidad. Atraída por la fuerza expresiva y la sensualidad de sus movimientos, empezó a estudiar el arte de la danza y a abrazar su capacidad para transmitir emociones y cautivar al público.

Tras la disolución de su matrimonio, Mata Hari se trasladó a París, epicentro del arte, la cultura y el hedonismo. Con su vibrante escena de cabaret y sus bulliciosos círculos sociales, la ciudad proporcionó el escenario perfecto para que floreciera su extraordinario talento. Fue aquí donde se consagró como bailarina y mujer fatal.

Las actuaciones de Mata Hari no se parecían a nada que el público parisino hubiera visto antes. Sus danzas desprendían un encanto misterioso, mezclando elementos de las danzas tradicionales de los templos indios con su propio estilo. Con cada movimiento de sus caderas y cada extensión de sus gráciles brazos, hechizaba a sus espectadores, dejándolos hipnotizados y deseosos de más.

La fama de la exótica y seductora Mata Hari se extendió rápidamente por toda la ciudad. Las columnas de cotilleos alababan su belleza, su sensualidad y la audacia de sus actuaciones. Su fama creció exponencialmente, y pronto influyentes personajes de la sociedad parisina se disputaron su atención, deseosos de deleitarse con su presencia.

Entre sus admiradores había una constelación de hombres influyentes, desde artistas y escritores hasta militares de alto rango. Se sentían atraídos por Mata Hari no sólo por su belleza física, sino también por su cautivadora personalidad y el aire de misterio que la rodeaba. Era un enigma, una mujer que desafiaba las normas sociales y abrazaba sus propios deseos y ambiciones.

En medio de este torbellino de fama y adoración, Mata Hari se relacionó íntimamente con algunos de los hombres más poderosos de la época. Sus amoríos con militares de alto rango y políticos influyentes no hicieron sino aumentar su atractivo, contribuyendo a su creciente fama y estableciéndola como una mujer que podía tener a cualquiera o cualquier cosa que deseara.

Pero a medida que su estrella ascendía, también lo hacían las sombras de la sospecha y la intriga. Las relaciones de Mata Hari con hombres influyentes atrajeron la atención de las agencias de inteligencia, que empezaron a mirarla con escepticismo y escrutinio. La veían como una amenaza potencial, una mujer capaz de desentrañar secretos y descubrir agendas ocultas.

Cuando empezaron a circular rumores de espionaje, Mata Hari se encontró al borde de dos mundos. La línea entre la realidad y la fantasía era cada vez más difusa, y cada uno de sus movimientos era escrutado en busca de traiciones. Espías y contraespías tejieron sus redes, ansiosos por atrapar a la escurridiza hechicera y sacar a la luz su verdadera naturaleza.

Y así, en este momento crucial de la vida de Mata Hari, cuando se encontraba en el precipicio de la fama y la infamia, el mundo contuvo la respiración, a la espera de la segunda parte de su extraordinario viaje. Los ecos de sus seductores bailes permanecían en el aire, mientras las sombras de la intriga y la incertidumbre se cernían sobre ella. Poco sabía el público que la historia de Mata Hari estaba a punto de dar un giro inesperado, sumiéndolos en una profundidad de oscuridad y engaño que nunca habrían imaginado.

Pero por ahora, el público debe esperar, suspendido en la expectación, con su sed de conocimiento insaciable. La historia del ascenso a la fama de Mata Hari llega a su clímax, dejándonos ansiosos por conocer los secretos inconfesables y las verdades ocultas que aguardan.En medio del embriagador mundo de la fama y la adoración, Mata Hari se sintió irresistiblemente atraída por el encanto de los hombres poderosos. Se deleitaba con la atención, sabiendo que podía tener a cualquiera o cualquier cosa que deseara. Sus aventuras, tanto clandestinas como de alto nivel, no hacían más que avivar el fuego de su creciente reputación.

A medida que su fama se disparaba, también lo hacían los rumores de espionaje que seguían su estela. Las agencias de inteligencia, tanto extranjeras como nacionales, empezaron a considerar a Mata Hari una amenaza potencial. Sus relaciones íntimas con hombres influyentes la convirtieron en blanco de sospechas y escrutinio. La tentadora aura de misterio que la envolvía ahora proyectaba su sombra sobre todos sus movimientos.

Sin que Mata Hari lo supiera, espías y contraespías tejían sus intrincadas redes, ansiosos por atrapar a la escurridiza hechicera y descubrir sus verdaderos motivos. Caminaba por una traicionera línea entre la realidad y la fantasía, y su lealtad e intenciones se cuestionaban constantemente. Su enigmática personalidad se convirtió en catalizador del espionaje, difuminando los límites entre su glamurosa vida y el oscuro y peligroso mundo de los secretos y las mentiras.

Y así, cuando comenzó a desarrollarse el segundo acto de la vida de Mata Hari, se preparó el escenario para un giro dramático de los acontecimientos. El mundo contuvo la respiración, cautivado por su historia. Pero poco sabían que las profundidades de la oscuridad y el engaño que les esperaban superarían incluso sus más descabelladas imaginaciones.

En un cruel giro del destino, los mismos hombres que una vez cayeron bajo el hechizo de Mata Hari se convirtieron en su perdición. Sus deseos de ganarse su afecto se transformaron en sospechas y traiciones. Se vio envuelta en una red de intrigas en la que la verdad y la mentira eran indistinguibles.

Como una danza cautivadora, la vida de Mata Hari tejía intrincados patrones de seducción y peligro. Todos sus movimientos eran escrutados, todas sus palabras analizadas en busca de significados ocultos. Al parecer, se deleitaba en el caos, y su audacia sólo era comparable a su incomparable astucia.

Pero a medida que aumentaba la presión y el mundo se cerraba a su alrededor, la fachada de invencibilidad de Mata Hari empezó a resquebrajarse. Los incesantes interrogatorios y acusaciones le pasaron factura. La mujer que antaño había desafiado los límites y las expectativas se vio ahora atrapada por ellos.

En un intento desesperado por escapar de las garras de sus acusadores, Mata Hari recurrió a su rápido ingenio y su astucia. Intentó navegar por las traicioneras aguas del espionaje, utilizando su encanto y astucia para burlar a sus enemigos. Pero, al final, fue una batalla perdida.

Un día aciago, Mata Hari fue detenida en París, acusada de espionaje. El público que antes la adoraba se convirtió en su acusador, avivando las llamas de su infamia. La antaño vibrante y seductora bailarina se convirtió en un símbolo de controversia y escándalo.

Su juicio fue un espectáculo, con la sala abarrotada de espectadores deseosos de presenciar la caída de la enigmática Mata Hari. Los cargos contra ella eran ambiguos, las pruebas no concluyentes. Pero el tribunal de la opinión pública ya había emitido su veredicto.

En una fría mañana de octubre de 1917, Mata Hari se enfrentó a su destino final. Fue ejecutada por un pelotón de fusilamiento francés y su vida se apagó como una vela al viento. En la muerte, quedó inmortalizada como la espía seductora, la mujer que se atrevió a desafiar los límites y vivir la vida a su manera.

Cuando los ecos de los disparos se desvanecieron, el mundo quedó abandonado a su suerte para desentrañar el enigma que era Mata Hari.

Los secretos inconfesables y las verdades ocultas que habían permanecido enterradas con ella atormentaron el imaginario colectivo durante años. Su legado, testimonio del encanto y el peligro de desafiar los límites, cautivaría para siempre los corazones y las mentes de quienes se atrevieran a buscar la verdad.

Y así, la historia del ascenso a la fama de Mata Hari llega a su clímax, dejándonos anhelantes de respuestas a las preguntas que aún persisten. El público, suspendido en la expectación, se queda reflexionando sobre las complejidades de una mujer cuyo viaje desafió las normas convencionales y resonó con un eterno sentido del enigma. La historia de Mata Hari, al igual que sus seductores bailes, que una vez hipnotizaron a una ciudad, permanece grabada en la historia como un tentador recordatorio de una vida vivida al borde de la verdad y la ilusión.

Capítulo 5: Espionaje

Cuando los nubarrones de la Primera Guerra Mundial se cernían sobre Europa, surgió un tenebroso mundo de espionaje que atrajo a individuos desprevenidos que quedarían para siempre entrelazados en la siniestra danza de los secretos y el engaño. Entre estas figuras destaca la enigmática Mata Hari, una mujer cuya vida llegaría a encarnar las difusas líneas entre la verdad y el mito.

Margaretha Geertruida Zelle, más conocida por su nombre artístico Mata Hari, nació el 7 de agosto de 1876 en Leeuwarden (Países Bajos). Desde muy pequeña mostró una sed de aventuras y un espíritu inquebrantable que sentarían las bases de su controvertido futuro. Mata Hari se casó a la temprana edad de 18 años, buscando escapar de los confines de su vida pueblerina. Sin embargo, su felicidad conyugal duraría poco y pronto se encontraría divorciada y sola con sus dos hijos.

En busca de un nuevo comienzo, Mata Hari emprendió un viaje al exótico Oriente. Llegó a Yakarta, la capital de las Indias Orientales Holandesas, donde se sumergió en la vibrante cultura local. Fue durante su estancia en Oriente cuando adoptó el personaje de Mata Hari, que significa "ojo del día" en malayo, e inició su camino hacia la fama y la notoriedad.

Con su cautivadora belleza y fascinante presencia, Mata Hari alcanzó rápidamente la fama como bailarina exótica. Sus actuaciones, que combinaban elementos de seducción oriental con sensibilidades occidentales, cautivaron al público de toda Europa. El atractivo de Mata Hari no se limitaba únicamente a sus movimientos de baile; desprendía un aire de misterio, un espíritu indómito que intrigaba por igual a hombres y mujeres.

Fue este atractivo lo que atrajo la atención de hombres influyentes de diversos círculos, y lo que finalmente condujo a Mata Hari por un camino traicionero hacia el mundo del espionaje. En plena Primera Guerra Mundial, las naciones buscaban cualquier medio para obtener ventaja sobre sus oponentes. El exotismo y las dotes de seducción de Mata Hari la convirtieron en una candidata ideal para ser reclutada como espía.

Las circunstancias que rodearon la participación de Mata Hari en el espionaje siguen envueltas en el misterio, con la verdad y la ficción entrelazadas para crear una narración que es a partes iguales realidad e imaginación. Algunos creen que Mata Hari fue una astuta agente doble, que jugó hábilmente con ambos bandos del conflicto para promover su propia agenda. Otros sostienen que fue un peón involuntario, manipulado por los poderosos para servir a sus propósitos.

Independientemente de la verdad, una cosa está clara: Mata Hari se vio envuelta en una red de espionaje que acabaría conduciéndola a la perdición. Sus contactos con los servicios de inteligencia alemanes y franceses, sus relaciones con oficiales militares de alto rango y su presunta transmisión de información clasificada dibujan el retrato de una mujer atrapada en un juego peligroso.

Sin embargo, entre rumores y especulaciones, una pregunta sigue resonando: ¿Fue Mata Hari realmente una espía, o fue simplemente una víctima de las circunstancias, explotada por quienes buscaban proteger sus propios intereses?

Para conocer a fondo las circunstancias que llevaron a Mata Hari a dedicarse al espionaje, primero hay que desvelar las capas de mitos que han rodeado su historia. El reto consiste en separar la realidad de la ficción, la verdad de los relatos inventados que han florecido a lo largo de los años. Es un viaje que nos adentrará en el corazón del mundo de Mata Hari, donde los secretos se esconden detrás de cada enigmática sonrisa y la verdad es a menudo más escurridiza que las sombras que danzan sobre el escenario.

Y así, el enigma de Mata Hari se desvela, revelando un tapiz tejido con intrigas y engaños. A medida que nos adentremos en las turbias profundidades de su vida, las líneas entre la verdad y el mito se difuminarán aún más, dejándonos con la duda: ¿Quién era Mata Hari? ¿Una mujer fatal o una víctima inocente? Las respuestas están en las páginas que siguen, esperando a ser descubiertas como secretos susurrados en la noche.

A medida que se profundizaba en el misterio que envolvía a Mata Hari, las sombras que cubrían su vida se hacían más oscuras y premonitorias. Rumores y acusaciones se arremolinaban, pintando el cuadro de una mujer atrapada en un traicionero mundo de espionaje. Pero en medio del caos, una cosa seguía siendo cierta: Mata Hari era una mujer que desafiaba los límites y las convenciones.

Fue en 1916, con la Primera Guerra Mundial como telón de fondo, cuando comenzó el fatídico viaje de Mata Hari hacia el espionaje. Para entonces, ya era una bailarina exótica de renombre que cautivaba al público de toda Europa con sus enigmáticas actuaciones. No sabía que su fama y su atractivo atraerían la atención de quienes querían aprovecharse de ella para su propio beneficio.

Las conexiones y relaciones de Mata Hari en círculos influyentes la convirtieron en un objetivo apetecible para las agencias de inteligencia. Agobiada por una necesidad desesperada de dinero y un deseo de aventura, se vio envuelta sin saberlo en una red tejida por agentes franceses y alemanes. Vieron en ella la posibilidad de obtener información valiosa y manipular a altos mandos militares.

Bajo la apariencia de su exótico personaje, Mata Hari se adentró en el mundo del espionaje. Comenzó a intercambiar mensajes codificados con sus superiores, utilizando sus contactos y relaciones para reunir información. La naturaleza exacta de la información que transmitía sigue siendo objeto de debate hasta el día de hoy, ya que algunos afirman que guardaba secretos militares vitales y otros sugieren que su papel era más simbólico que sustancial.

A medida que la guerra avanzaba, la situación de Mata Hari se volvía cada vez más peligrosa. Sus contactos con los servicios de inteligencia alemanes salieron a la luz, lo que hizo sospechar que había sido traicionada. Las autoridades francesas, deseosas de convertir a un chivo expiatorio en un ejemplo, la acusaron de trabajar como agente doble y de vender información al enemigo.

En un sorprendente giro de los acontecimientos, Mata Hari fue juzgada por traición. La sala del tribunal se llenó de una mezcla de curiosidad, fascinación y juicio, mientras la sociedad trataba de desentrañar el enigma que era Mata Hari. En su defensa, alegó inocencia, declarando que había sido manipulada por ambos bandos, atrapada sin saberlo en el fuego cruzado del espionaje.

Pero las pruebas contra ella eran irrefutables. Documentos confidenciales, mensajes encriptados y su relación con altos cargos militares contribuyeron a la acusación. El carisma y el atractivo de Mata Hari, que antes habían cautivado al público, ahora jugaban en su contra. Se la consideraba una peligrosa mujer fatal, que utilizaba su encanto y belleza para explotar a hombres poderosos.

El juicio terminó con un veredicto de culpabilidad. El 15 de octubre de 1917, Mata Hari se enfrentó a su destino final ante un pelotón de fusilamiento. Su muerte fue recibida con una mezcla de conmoción, fascinación y especulación. Las circunstancias que rodearon su participación en el espionaje y su posterior caída han seguido cautivando y desconcertando a historiadores y aficionados por igual.

A día de hoy, la verdadera naturaleza de las acciones y motivaciones de Mata Hari sigue rodeada de misterio. ¿Era una astuta espía que jugaba al engaño? ¿O fue un peón manipulado por los poderosos para que cargara con la culpa? La difusa línea que separa la verdad del mito en la historia de Mata Hari ha dado lugar a innumerables interpretaciones y teorías.

Al pasar las últimas páginas de este capítulo, el enigma de Mata Hari sigue sin resolverse. Su historia nos recuerda las complejidades y contradicciones de la naturaleza humana, así como los giros impredecibles que puede tomar la historia. Mata Hari, la enigmática bailarina, la seductora espía y la controvertida figura, desafía la simple clasificación, dejando un legado que sigue desafiando nuestra percepción de la realidad y la ficción.

Capítulo 6: Una figura enigmática

Mata Hari surgió como una figura cautivadora, rodeada de mitos y misterios que no hacían sino aumentar su encanto e intriga. Su enigmática naturaleza cautivó la imaginación de muchos, convirtiéndola en un fascinante objeto de intriga y fascinación. A medida que se desvela su historia, el enigma que la rodea se hace más profundo y nos hace cuestionarnos la verdad que se esconde tras la mujer conocida como Mata Hari.

Nacida en 1876 como Margaretha Zelle, la trayectoria vital de Mata Hari la llevó desde la pequeña ciudad de Leeuwarden, en los Países Bajos, hasta las bulliciosas ciudades de Europa. Sin embargo, fue su exótico nombre artístico, Mata Hari, que significa "ojo del día" en indonesio, el que se convertiría en sinónimo de seducción y espionaje.

De joven, la belleza y el encanto de Mata Hari se convirtieron en su pasaporte a un mundo de glamour y lujo. Captó la atención de hombres influyentes, desde oficiales militares a ricos hombres de negocios, intrigados por el exótico encanto que proyectaba. Sin embargo, fue su presunta implicación en actividades de espionaje lo que realmente la hizo entrar en la historia.

Durante la Primera Guerra Mundial, Mata Hari se vio envuelta en una red de espionaje internacional. Se rumorea que se convirtió en espía, utilizando sus poderes de seducción para extraer información valiosa de altos funcionarios. Los historiadores debaten si era una agente doble o simplemente una víctima de las circunstancias.

Lo que está claro, sin embargo, es que el estilo de vida poco convencional de Mata Hari y sus extensos viajes por Europa la convirtieron en blanco de sospechas. Su carácter cosmopolita y sus contactos con personalidades influyentes hicieron dudar de sus motivos. Pero, ¿era realmente una espía o simplemente una mujer en busca de aventura e independencia en un mundo dominado por los hombres?

Los mitos y leyendas en torno a Mata Hari se intensificaron tras su detención en París en 1917. Acusada de espionaje a favor de Alemania, fue sometida a un juicio sensacional que cautivó la atención del público. Los medios de comunicación la retrataron como una mujer fatal, una maestra de la manipulación que utilizaba su belleza para extraer valiosos secretos.

Sin embargo, a medida que avanzaba el juicio, las pruebas contra ella parecían débiles y circunstanciales en el mejor de los casos. Se hizo evidente que Mata Hari estaba siendo juzgada no sólo por sus presuntas acciones, sino también por su supuesta inmoralidad. Sus aventuras con altos cargos y su negativa a ajustarse a las expectativas de la sociedad aumentaron aún más su enigmática reputación.

Mientras el mundo seguía el desarrollo del juicio, quedó claro que Mata Hari era una mujer adelantada a su tiempo. Desafió los límites de la sociedad y las normas y expectativas impuestas a las mujeres a principios del siglo XX. Su audacia e independencia fascinaron y atemorizaron a quienes pretendían mantener el statu quo.

El juicio en sí se convirtió en un espectáculo, mostrando las complejidades de la enigmática personalidad de Mata Hari. Mantuvo la compostura en todo momento, negándose a divulgar cualquier información que pudiera incriminarla a ella o a otros. A los ojos de muchos, esto no hizo sino alimentar sus sospechas de que Mata Hari estaba implicada en actividades de espionaje.

Sin embargo, cuando el juicio parecía llegar a su clímax, ocurrió lo inesperado. El tribunal levantó la sesión, dejando al público en estado de suspense. ¿Cuál sería el destino de Mata Hari? ¿Sería absuelta y recuperaría su libertad? ¿O sería declarada culpable, sellando para siempre su destino como famosa espía?

La primera parte de la enigmática historia de Mata Hari nos deja al borde del asiento, anhelando respuestas que están fuera de nuestro alcance. El encanto y la intriga que rodean su vida y sus supuestas actividades de espionaje siguen cautivando a generaciones, evocando un sentimiento de fascinación y curiosidad que se niega a flaquear.

A medida que se desarrolla la historia de Mata Hari, nos adentramos en el laberinto de su enigmática existencia. Acompáñenos en la segunda parte de este capítulo, donde exploraremos las secuelas de su juicio y descubriremos las capas de misterio que rodean a esta extraordinaria mujer. Los murmullos del público llenaban el ambiente, ansiosos por presenciar la conclusión de este dramático juicio. Cuando los jueces regresaron a la sala, la expectación se apoderó de los espectadores, con los ojos fijos en la enigmática figura que lo protagonizaba todo.

Los explosivos cargos presentados contra Mata Hari, que la acusaban de espionaje a favor de Alemania, resonaron en todo el mundo y causaron conmoción en los círculos internacionales. Los medios de comunicación habían hecho sensacionalismo de su historia, pintándola como una peligrosa seductora que manipulaba sin esfuerzo a los hombres para su propio beneficio. Sin embargo, a medida que avanzaba el juicio, se hacía cada vez más evidente que las pruebas contra ella eran, en el mejor de los casos, poco sólidas.

El equipo de defensa de Mata Hari analizó meticulosamente cada una de las pruebas presentadas por la acusación. Pusieron de manifiesto incoherencias, interpretaciones erróneas y falsedades. Pronto se hizo evidente que el caso contra ella no se basaba en pruebas concretas, sino en el tribunal de la opinión pública.

Su condición de bailarina exótica, su seductor atractivo y sus relaciones con hombres influyentes fueron utilizados en su contra. A los ojos de la sociedad, el comportamiento de Mata Hari desafiaba las normas aceptables para las mujeres de la época, lo que la convertía en un blanco fácil para quienes querían condenarla. Su independencia y su negativa a conformarse sólo sirvieron para agravar el enigma que la rodeaba.

A medida que el juicio se acercaba a su fin, la acusación intentó utilizar la negativa de Mata Hari a revelar información en su propia defensa. Alegaron que su silencio era una admisión de culpabilidad, que su negativa a revelar la verdad no hacía sino reforzar sus sospechas. Pero Mata Hari se mantuvo firme, decidida a protegerse a sí misma y a todos aquellos con los que se cruzó durante su extraordinaria vida.

El jurado se retiró a deliberar, dejando la sala llena de expectación. Durante días, el público clamó por conocer el resultado del juicio, desesperado por saber si Mata Hari saldría libre o sería tachada para siempre de espía. El aura enigmática que desprendía parecía perdurar en cada instante, como si el mundo entero se detuviera a la expectativa.

Finalmente, se anunció el veredicto. Culpable. Las palabras resonaron por toda la sala, conmocionando a partidarios y detractores por igual. Mata Hari, la cautivadora figura que había hipnotizado al mundo, sería condenada a pagar el precio definitivo por unos crímenes que podía o no haber cometido.

Ante esta devastadora sentencia, Mata Hari mantuvo su digna compostura. No hubo protestas ni muestras de desesperación. Por el contrario, aceptó su destino con gracia y desafío, negándose a dejar que un sistema injusto quebrantara su espíritu.

En la mañana del 15 de octubre de 1917, Mata Hari se enfrentó a su ejecución con un valor inquebrantable. Cuando el sol empezaba a salir, arrojando su cálido resplandor sobre el mundo, encontró su fin, dejando tras de sí un legado lleno de misterio e intriga.

La noticia de su ejecución corrió como la pólvora por toda Europa. La gente lloró a la enigmática mujer que desafiaba los límites y las expectativas de la sociedad. Mata Hari se convirtió en un símbolo de rebelión, un emblema de la lucha por la libertad y la autonomía en un mundo que pretendía confinar y controlar.

Su historia, llena de mitos y misterios, sigue cautivando al público. El perdurable encanto y el misterio que envuelven a Mata Hari siguen cautivando a personas de todas las generaciones, atraídas por las enigmáticas complejidades de su vida y la esquiva verdad que se esconde tras su personaje.

Mientras nos adentramos en el laberinto de la existencia de Mata Hari, recordemos la importancia de su desafío y el impacto duradero que tuvo en la lucha por la individualidad. Su legado nos recuerda que, incluso ante la adversidad, es posible trascender las expectativas sociales y abrir nuestro propio camino.

El enigma de Mata Hari permanece grabado en la historia, como testimonio del poder perdurable de una mujer que se atrevió a desafiar los límites y a vivir la vida a su manera. Que su historia siga inspirando e intrigando, alimentando nuestra curiosidad y recordándonos que la verdad de la vida de una persona se encuentra a menudo en los espacios enigmáticos que están más allá de nuestro alcance.

Capítulo 7: ¿Agente doble o chivo expiatorio?

Profundiza en las controvertidas teorías que rodean la implicación de Mata Hari en el espionaje, cuestionando si era realmente una agente doble o un conveniente chivo expiatorio.

A medida que se acercaba el juicio, el mundo observaba con gran expectación. El caso de Mata Hari había cautivado la imaginación pública, ya que su fama como bailarina exótica chocaba frontalmente con su presunta implicación en actividades de espionaje. Las especulaciones se dispararon, dividiendo las opiniones en dos bandos distintos: los que creían que era una astuta agente doble y los que sostenían que no era más que un chivo expiatorio, atrapado en una red de intrigas políticas.

La idea de que Mata Hari era una agente doble se vio alimentada por sus supuestas conexiones con altos cargos de ambos bandos en conflicto durante la Primera Guerra Mundial. Nacida en los Países Bajos con el nombre de Margaretha Geertruida Zelle, Mata Hari había vivido una vida marcada por la audacia y la reinvención. Tras el fracaso de su matrimonio y la trágica pérdida de sus hijos, se reinventó como bailarina exótica y adoptó el nombre artístico de Mata Hari, que en indonesio significa "ojo del día". Sus actuaciones hipnotizaban al público de toda Europa, y su belleza y sensualidad parecían darle acceso a los círculos de poder e influencia.

Se cree que Mata Hari utilizó su encanto y carisma para establecer contactos con personajes influyentes, como oficiales militares, diplomáticos y políticos. Esta red le permitió reunir valiosa información, al tiempo que mantenía su apariencia de artista. Algunos sostienen que su papel de agente doble se reveló cuando se puso en contacto con la inteligencia francesa, ofreciéndose a trabajar como espía para ellos. Al hacerse pasar por agente alemana, supuestamente pretendía obtener información y transmitírsela a los franceses, perturbando así las operaciones alemanas.

Sin embargo, la teoría de Mata Hari como doble agente no está exenta de escepticismo. Muchos historiadores sostienen que su supuesta implicación en el espionaje fue exagerada y que, de hecho, fue un chivo expiatorio conveniente. El estallido de la Primera Guerra Mundial había creado una atmósfera de miedo y sospecha, y las autoridades estaban desesperadas por encontrar a alguien a quien culpar. Mata Hari, con su reputación de seductora y provocadora, era un blanco fácil.

Es importante señalar que las pruebas contra Mata Hari eran, en el mejor de los casos, circunstanciales. Algunos afirman que las autoridades, en un intento de crear un gran relato, juntaron fragmentos de información para que encajaran en su idea preconcebida de la culpabilidad de Mata Hari. Hubo incoherencias en los testimonios de los testigos y faltaron o se destruyeron documentos esenciales. La acusación se basó en gran medida en cartas interceptadas y mensajes crípticos, que podían ser fácilmente malinterpretados o exagerados.

Además, algunos creen que Mata Hari fue explotada por ambos bandos del conflicto para sus propios fines propagandísticos. Su fama y notoriedad la convirtieron en una figura tentadora que explotar para la narrativa bélica. Las autoridades de ambos bandos se dieron cuenta del impacto simbólico de acabar con una mujer de su talla, que aparentemente había esgrimido su sensualidad e independencia como armas de empoderamiento.

El fervor en torno al juicio siguió creciendo, exacerbando la división entre quienes veían a Mata Hari como una astuta espía y quienes la consideraban un mero chivo expiatorio. La opinión pública se vio fuertemente influenciada por rumores e informes sensacionalistas, enturbiando aún más la verdad. La pregunta seguía siendo: ¿había sido

Mata Hari realmente una agente doble, que navegaba por un traicionero mundo de secretos, o era un conveniente peón en un juego mayor?

En el tribunal de la opinión pública, el juicio fue rápido y duro. Independientemente del resultado del juicio, la reputación de Mata Hari quedaría manchada para siempre. Su encanto, antaño célebre, ahora pendía bajo la nube de la sospecha. El mundo esperaba con impaciencia que se desvelara la verdad, pero poco sabían de la complejidad que yacía bajo la superficie, a la espera de enredar sus ideas preconcebidas.

La segunda mitad de este capítulo desvelará los sorprendentes giros que, en última instancia, condujeron a la caída de Mata Hari. La verdad, a medida que empieza a salir a la luz, pondrá en tela de juicio tanto la percepción que se tiene de ella como doble agente y como chivo expiatorio. La historia, al parecer, tiene una forma de ocultar la verdad tras un velo de enigma e intriga. Cuando las puertas del tribunal se abrieron, desvelando el tumulto que había dentro, Mata Hari se situó en el ojo de la tormenta. El ambiente estaba cargado de expectación a medida que avanzaba el juicio, y cada día que pasaba aumentaba la complejidad de su caso. La acusación, armada con cartas interceptadas y mensajes crípticos, intentaba probar su teoría de que Mata Hari era una astuta agente doble, enredada en una red de espionaje. En el bando contrario, la defensa estaba decidida a demostrar que Mata Hari no era más que un chivo expiatorio, atrapada en el fuego cruzado de una intriga política.

Pero en medio del fervor que rodeaba el juicio, la verdad empezó a colarse por las rendijas. Los testigos fueron llamados al estrado, cada uno ofreciendo su propia versión de los hechos, pintando retratos contradictorios de Mata Hari. Algunos afirmaron haberla visto intercambiar información vital, mientras que otros tacharon estos relatos de exageraciones alimentadas por la histeria de los tiempos de guerra.

La defensa, trabajando incansablemente para desmantelar el caso de la acusación, presentó pruebas que arrojaban dudas sobre la culpabilidad de Mata Hari. Se pusieron de relieve las incoherencias en los testimonios de los testigos, llamando la atención sobre la fragilidad de las pruebas contra ella. Documentos críticos que podrían haber arrojado luz sobre la verdad desaparecieron misteriosamente o fueron convenientemente destruidos. Cada vez era más evidente que las autoridades parecían decididas a encajar los fragmentos de información en una narrativa preconcebida, independientemente de su exactitud.

Bajo el implacable escrutinio, se reveló que los supuestos contactos de Mata Hari con altos cargos de ambos bandos del conflicto eran menos sustanciales de lo que se creía en un principio. La red de influencias que supuestamente tejió pareció deshacerse, poniendo en duda su capacidad como agente doble. Mientras algunos sostenían que su encanto y carisma eran meras cortinas de humo, otros postulaban que sus conexiones sociales eran más el resultado de su fama como bailarina exótica que un indicio de su implicación en el espionaje.

Pero las preguntas persistían. Si Mata Hari era realmente inocente, un chivo expiatorio atrapado en las maquinaciones de fuerzas poderosas, ¿quién se beneficiaría de su caída? Muchos historiadores creen que ambos bandos del conflicto explotaron su notoriedad para adaptarla a sus propias narrativas bélicas. Su reputación de seductora la convirtió en una figura tentadora, y las autoridades reconocieron el impacto simbólico de desmantelar a una mujer que aparentemente había esgrimido su sensualidad e independencia como armas de poder.

A medida que avanzaba el juicio, la opinión pública se tambaleaba al borde del precipicio. Los rumores y los reportajes sensacionalistas enturbiaron aún más la verdad, creando una división entre quienes veían a Mata Hari como una espía astuta y quienes la consideraban una víctima desventurada. El tribunal de la opinión pública emitió su propio juicio, rápido y severo, empañando con una nube de sospecha su otrora célebre encanto.

Sin embargo, por debajo de todo, había giros sorprendentes que esperaban ser desvelados. La verdad, a medida que empezaba a salir a la luz, ponía en tela de juicio la percepción de Mata Hari como agente doble y chivo expiatorio. La Historia, con su afición por el enigma y la intriga, estaba a punto de desvelar sus cautivadores secretos.

En un giro dramático de los acontecimientos, un testigo clave reveló información que ponía en duda los argumentos de la acusación. Esta revelación cambió la narrativa, inclinando la balanza de la opinión pública. La atención se centró en la posibilidad de que Mata Hari no mereciera el duro juicio al que se había enfrentado. El velo del secreto se levantó lentamente, permitiendo que fragmentos de verdad atravesaran la oscuridad.

La última fase del juicio profundizó en los entresijos de las sospechas de espionaje de Mata Hari, arrojando luz sobre el papel de la enigmática mujer en el oscuro mundo de los secretos. La cortina de humo de rumores y suposiciones empezó a disiparse, sustituida por una comprensión más matizada de sus acciones. Los que la consideraban una espía se enfrentaban ahora a la posibilidad de que se hubiera visto empujada al mundo del espionaje sin saberlo.

A medida que el juicio se acercaba a su fin, la convicción de su culpabilidad, antaño inquebrantable, empezó a desmoronarse. Quedó claro que el caso contra ella estaba plagado de incoherencias, interpretaciones erróneas y distorsiones intencionadas. Sin embargo, aunque la duda proyectaba su larga sombra, las preguntas seguían sin respuesta. ¿Era Mata Hari realmente inocente, o había estado más enredada en el mundo del espionaje de lo que aparentaba?

El dramatismo de la sala alcanzó su punto álgido cuando se emitió el veredicto final, que arrojó una sombra decisiva sobre el destino de Mata Hari. La emoción flotaba en el aire mientras el jurado deliberaba, consciente de que su decisión marcaría el legado de Mata Hari. Y cuando finalmente se emitió el veredicto, el mundo se preparó para una revelación que alteraría para siempre la percepción de esta enigmática mujer.

El juicio había llegado a su fin, pero el misterio que rodeaba a Mata Hari seguía existiendo. Parecía que la Historia tenía una forma de oscurecer la verdad e invitar a la especulación sin fin. La historia de Mata Hari, que pasó de bailarina exótica a presunta espía, se había convertido en un enigma intemporal, eternamente inscrito en las crónicas del pasado. Y mientras el mundo dirigía su atención hacia otras historias, las complejidades de su vida y la verdad que se ocultaba tras su papel como agente doble o chivo expiatorio seguían cautivando las mentes de quienes se atrevían a cuestionar.

Capítulo 8: Comienza el juicio

En la primavera de 1917, la enigmática figura conocida como Mata Hari se encontró en el centro de un juicio muy publicitado que determinaría para siempre su destino. Acusada de espionaje y de actuar como agente doble durante la Primera Guerra Mundial, la bailarina exótica convertida en espía cautivó al mundo con su misterioso encanto y su naturaleza escurridiza. Al iniciarse el juicio, la sala se convirtió en el escenario donde confluyeron el escándalo, la intriga y la implacable búsqueda de la verdad.

Las acusaciones sensacionalistas contra Mata Hari eran tan complejas como desconcertantes. Las autoridades alegaron que había utilizado su seductor encanto para extraer secretos militares de hombres influyentes, vendiendo información vital al mejor postor. Su supuesta implicación en el espionaje quedó envuelta en un velo de secretismo que dejó a la opinión pública ávida de detalles. El frenesí mediático en torno a su caso alcanzó cotas sin precedentes, convirtiéndola a la vez en una seductora mujer fatal y en una figura controvertida.

Al comenzar el juicio, la sala se llenó de espectadores ansiosos por presenciar el desvelamiento de la verdadera naturaleza de esta enigmática mujer. La acusación presentó a Mata Hari como una maestra de la manipulación, que utilizaba hábilmente su encanto y seducción para explotar las debilidades de hombres influyentes. Los testigos fueron llamados al estrado, narrando encuentros con Mata Hari que eran una mezcla de encanto e intriga, arrojando una sombra de duda. El ambiente en la sala del tribunal era electrizante, con las emociones a flor de piel mientras el mundo observaba expectante.

El escrutinio de los medios de comunicación durante el juicio fue implacable. Los periódicos compitieron por entrevistas exclusivas y titulares sensacionalistas, reconociendo el insaciable apetito del público por los detalles escandalosos. La vida de Mata Hari se convirtió en un libro abierto, diseccionado y analizado por periodistas y detectives por igual. Los rumores y las especulaciones se dispararon, y cada nuevo acontecimiento avivaba el fuego de la intriga en torno al caso. El juicio se convirtió en un espectáculo que fascinó a todo el mundo.

Mientras la fiscalía construía un caso contra Mata Hari, su equipo de defensa luchaba con vehemencia para desenmarañar la red de acusaciones que conspiraban para condenarla. La presentaron como una víctima de las circunstancias, una mujer que se había visto atrapada en un juego peligroso que no comprendía del todo. Los abogados de Mata Hari interrogaron a los testigos, cuestionando su credibilidad y obligándoles a confrontar las incoherencias de sus testimonios. La defensa creó la imagen de una mujer envuelta en el misterio, una artista de talento atrapada en la intrincada red de una trama internacional.

Durante todo el juicio, Mata Hari mantuvo un aire de misterio y elegancia. Parecía serena, incluso cuando el peso de las acusaciones contra ella amenazaba con hundirla. Sus ojos, antes llenos de un brillo seductor, reflejaban ahora una mezcla de resistencia y vulnerabilidad. La sala del tribunal, normalmente un símbolo de justicia y verdad, se convirtió en un campo de batalla entre las fuerzas de la condena y la redención.

A medida que avanzaba el juicio, la opinión pública se iba dividiendo cada vez más sobre Mata Hari. Algunos la veían como una hechicera, capaz de atrapar a los hombres más poderosos con su seductor encanto. Otros la tachaban de espía manipuladora, dispuesta a sacrificar vidas en beneficio propio. Los límites entre la verdad y la ficción, la realidad y la ilusión, se difuminaban, dejando a los espectadores sin saber a quién creer. El destino de Mata Hari pendía de un hilo, su futuro era incierto, mientras el juicio entraba en su fase decisiva.

Así comenzó el juicio de Mata Hari, que sentó las bases para un choque de narrativas y una exploración de los rincones más oscuros de la naturaleza humana. Sentada en la sala del tribunal, rodeada por el eco de las acusaciones, su enigmática presencia inspiraba fascinación y temor. El mundo contenía la respiración, expectante ante el desarrollo del siguiente acto del juicio. Pero poco sabían, las revelaciones más impactantes estaban aún por llegar.

A medida que avanzaba el juicio de Mata Hari, la sala seguía siendo un campo de batalla de relatos contradictorios y agitación emocional. A pesar de la creciente presión, la enigmática presencia de Mata Hari se mantuvo firme, cautivando a los espectadores y dejándoles con ganas de saber la verdad.

La defensa siguió escrutando a los testigos mientras intentaba desmontar pieza por pieza el caso de la acusación. Con cada contrainterrogatorio, la defensa pretendía sacar a la luz las incoherencias y lagunas de los testimonios contra Mata Hari. Pusieron en duda los motivos y la credibilidad de los principales testigos de la acusación, destacando sus propios antecedentes cuestionables y sus posibles prejuicios.

A lo largo del juicio, la obsesión de los medios de comunicación por Mata Hari fue en aumento, hasta llegar a un punto febril en el que se escudriñaba cada detalle de la vida de la bailarina. Periodistas de todo el mundo pidieron entrevistas exclusivas y trataron de desenterrar todos los detalles de la vida de la bailarina. La más mínima información escandalosa alimentaba las especulaciones. El público, ávido de más titulares sensacionalistas, devoraba con avidez cada novedad, sin saber qué creer.

En medio del caos, Mata Hari mantuvo la compostura, incluso cuando las acusaciones amenazaban con destrozar su mundo. Su equipo de defensa, consciente de la importancia de presentarla bajo una luz comprensiva, construyó cuidadosamente su relato. Hicieron hincapié en su turbulenta historia personal, destacando su difícil educación y sus tumultuosas relaciones. En su interpretación, Mata Hari no era una espía astuta, sino una víctima de las circunstancias, movida por la desesperación más que por la malicia.

Se citó a testigos para iluminar facetas de la persona de Mata Hari, profundizando en las capas de complejidad que definieron su presencia durante el juicio. Antiguos amantes, colegas y conocidos subieron al estrado, y sus testimonios pintaron imágenes contrastadas de la mujer en el centro de todo. Algunos hablaron maravillas de su talento, carisma y genuina bondad, mientras que otros la presentaron como una seductora manipuladora experta en el arte del engaño.

En medio de la batalla legal, salió a la luz otra revelación: el alcance de la implicación de Mata Hari en el espionaje seguía envuelto en la incertidumbre. A pesar de las acusaciones, seguían sin aparecer pruebas concretas que la relacionaran con actos específicos de espionaje. El juicio parecía poseer un aire de ambigüedad, dejando al jurado y a los espectadores cuestionando la validez de los cargos contra ella.

A medida que el caso de la defensa se acercaba a su conclusión, llamaron a testigos que declararon la inocencia de Mata Hari. Hablaron apasionadamente de su genuino amor por su tierra natal y de su compromiso con su oficio de bailarina. Describieron a Mata Hari como una mujer cuyo seductor encanto había sido malinterpretado, convirtiéndola en un chivo expiatorio atrapado en el fuego cruzado de una lucha por el poder político y militar.

El clímax del juicio llegó cuando la defensa presentó su alegato final. Entretejieron con maestría los hilos de la duda que se habían ido sembrando a lo largo del juicio, apelando al sentido de la justicia y la compasión del jurado. Su petición de absolución se basó en la duda razonable, destacando la falta de pruebas concretas y los testimonios contradictorios presentados. Instaron al jurado a rechazar el sensacionalismo y los prejuicios en favor de un veredicto justo y equitativo.

El silencio se apoderó de la sala cuando el jurado se retiró a deliberar, dejando al público en vilo, a la espera de la decisión crucial que marcaría el destino de Mata Hari. El destino de Mata Hari pendía de un hilo, y el peso del mundo descansaba sobre los hombros de aquellos a quienes se había confiado su destino. Durante días, el público esperó ansioso la decisión del jurado, sin saber qué le depararía el futuro a la enigmática bailarina.

Al final, el veredicto determinaría si Mata Hari sería recordada como una espía seductora o como una víctima atrapada en una intrincada red de intrigas internacionales. El mundo contenía la respiración, esperando con impaciencia la revelación del clímax de esta cautivadora historia. El juicio de Mata Hari había captado la atención de una audiencia global, grabando para siempre su lugar en la historia como un momento de drama humano y engaño.

Capítulo 9: Un drama judicial

Experimente el dramático proceso judicial en el que Mata Hari se defiende de las acusaciones de espionaje, haciendo gala de su carisma y su habilidad natural para cautivar a las multitudes.

El aire fresco de la mañana llenaba la sala del tribunal mientras un aire de expectación se apoderaba de la multitud. Todos los ojos estaban fijos en la silla de la acusada, donde Mata Hari se sentaba serena y tranquila, dispuesta a defenderse de las graves acusaciones de espionaje. Era un momento decisivo en su vida, una batalla contra los límites que intentaban confinarla.

Los pasillos de la justicia bullían de murmullos y especulaciones al comenzar el juicio. Mientras la acusación presentaba sus argumentos, la sala parecía contener la respiración. Pintaron a Mata Hari como una seductora, una maestra de la manipulación que utilizaba su personalidad irresistiblemente encantadora para extraer secretos militares de oficiales de alto rango. Las acusaciones eran tan condenatorias como escandalosas, y el público, ávido de escándalos, devoraba cada palabra.

Los abogados defensores de Mata Hari, conscientes de la ardua batalla a la que se enfrentaban, construyeron cuidadosamente una contranarrativa. Mediante una serie de interrogatorios meticulosamente planeados, intentaron desmontar el caso de la acusación, revelando los entresijos de una mujer que desafió las normas sociales y los límites.

A lo largo del juicio, Mata Hari hizo gala de su encanto y carisma inherentes, cautivando no sólo a la sala, sino también los corazones y las mentes de los asistentes. Su presencia llamaba la atención, y cada uno de sus movimientos destilaba confianza y gracia. Utilizó hábilmente su belleza etérea en su beneficio, jugando con las mentes de quienes pretendían tacharla de traidora.

Con cada declaración de los testigos, el equipo de defensa de Mata Hari diseccionaba meticulosamente las pruebas, exponiendo fallos e incoherencias. Argumentaron que sus interacciones con altos funcionarios eran meros encuentros sociales inocentes, desprovistos de segundas intenciones. Presentaron a una mujer movida por su pasión por la danza y su deseo de trascender los límites sociales, no a una astuta espía.

A medida que avanzaba el juicio, un sentimiento de simpatía comenzó a cernirse sobre la sala. La historia de Mata Hari, su viaje desde una vida humilde en las Indias Orientales Holandesas hasta los escandalosos cabarets de París, se desarrollaba ante los ojos del jurado. Quedó claro que su vida quizás estuvo más marcada por las circunstancias y las decisiones cuestionables que por el espionaje intencionado.

La acusación contraatacó con fervor, intentando explotar cada incoherencia percibida, pero la capacidad de Mata Hari para mantener la compostura y defenderse elocuentemente no hizo sino reforzar su defensa. Habló con convicción, relatando sus luchas y sacrificios, presentándose como una superviviente, no como una criminal.

La sala estaba cautivada, pendiente de cada una de sus palabras. Mientras la acusación descansaba, el equipo de defensa de Mata Hari se preparaba para llamar a sus testigos, listos para dar rienda suelta a un aluvión de testimonios que cuestionarían aún más las acusaciones contra ella. La tensión alcanzó su punto álgido, y el público esperaba ansioso el siguiente capítulo de este apasionante drama judicial.

Justo cuando la defensa empezaba a presentar a sus testigos, el juez suspendió abruptamente el procedimiento, dejando al público atónito y con ganas de más. Con un estruendoso golpe de martillo, pronunció las palabras que resonarían por toda la sala: "El tribunal se reunirá de nuevo mañana".

Y con esas palabras, la primera mitad de este apasionante drama judicial hizo una pausa inesperada, dejando tanto a los espectadores como a la propia Mata Hari suspendidos en un estado de tentadora incertidumbre. ¿Qué revelarían los testigos? ¿Prevalecería la defensa de Mata Hari, desafiando los límites que amenazaban con ensombrecer su verdadera esencia?

La sala quedó en silencio, con las preguntas sin respuesta flotando en el aire, mientras todos esperaban ansiosos la segunda parte de este apasionante capítulo. Por el momento, la historia de la lucha de Mata Hari por la justicia y la redención seguiría siendo un cliffhanger, que dejaría a todos los implicados y espectadores anhelando una resolución.

...El silencio en la sala fue ensordecedor mientras Mata Hari y el resto de los asistentes asimilaban la inesperada decisión del juez de aplazar el proceso. El público, ya cautivado por la carismática bailarina, se inclinó hacia delante en sus asientos, su apetito de resolución creciendo con cada momento que pasaba. Mata Hari, aunque sorprendida por la abrupta interrupción, mantuvo el aplomo y fijó la mirada en el juez mientras salía de la sala. Sabía que aquella pausa inesperada sólo serviría para aumentar la expectación ante el drama que se estaba desarrollando.

Mientras los espectadores especulaban sobre los próximos testigos y la solidez de la defensa de Mata Hari, su equipo legal se reagrupó. Comprendieron el carácter crucial del momento y la necesidad de construir un caso que desmontara las acusaciones de espionaje contra su cliente. El día siguiente prometía desenmarañar la red de acusaciones que había enredado a Mata Hari.

A la mañana siguiente, cuando se volvieron a abrir las puertas del tribunal, el público contuvo la respiración. Mata Hari entró segura de sí misma, con la cabeza alta, proyectando un aire de resiliencia que intrigó y sobrecogió a los asistentes. Cuando la defensa presentó a su primer testigo, la tribuna se inclinó hacia delante, anticipando la revelación de una verdad que había permanecido esquiva.

El primer testigo, un antiguo amante de Mata Hari, declaró sobre la naturaleza de su relación. Habló de amor, pasión y de las intensas emociones que atravesaron sus encuentros. Resultó evidente que su conexión se basaba en el deseo mutuo, desprovisto de motivaciones clandestinas. La defensa guió hábilmente a su testigo, destacando la ausencia de cualquier conversación sobre secretos militares, reforzando aún más su argumento de que Mata Hari era simplemente una mujer movida por sus emociones y no una astuta espía.

Los testigos posteriores, amigos y conocidos de Mata Hari, expresaron su apoyo a su carácter e integridad. Compartieron anécdotas de su compromiso con su oficio y su inquebrantable búsqueda de la expresión artística. Era evidente que los encuentros de Mata Hari con altos funcionarios habían sido auténticas interacciones sociales, impulsadas por el deseo de compañía y el interés compartido por la cultura, y no por el espionaje.

Con cada testimonio, la defensa iba desgranando el relato de la acusación, dejando al descubierto sus débiles cimientos y su parcialidad inherente. La sala, antes llena de ojos escépticos y juicios susurrados, empezó a ser testigo de una transformación. La simpatía y la comprensión se adueñaron del ambiente, y la historia de Mata Hari tocó la fibra sensible de quienes hasta entonces no la habían visto más que como una espía seductora.

El equipo de la defensa sorteó hábilmente los intentos de la acusación de desacreditar a sus testigos, sacando a la luz las incoherencias y manipulaciones que habían alimentado las acusaciones. La capacidad de Mata Hari para mantener la compostura durante todo el juicio, unida a su profunda elocuencia y a su inquebrantable creencia en su inocencia, infundió un sentimiento de confianza y admiración en el jurado e incluso en los cínicos espectadores.

Cuando el juicio estaba a punto de concluir, el equipo jurídico de la defensa presentó un poderoso alegato final. Pintaron un cuadro vívido de una mujer que había desafiado las normas y los límites sociales, que se había elevado por encima de sus orígenes humildes y que se había atrevido a explorar un mundo más allá de los límites que se le habían impuesto. Imploraron al jurado que considerara la verdadera esencia de Mata Hari, no como la seductora espía que presentaba la acusación, sino como una superviviente, una soñadora y una mujer que había sido traicionada por las circunstancias de su época.

Cuando se hizo el silencio en la sala, el peso de la decisión flotaba en el aire. Los miembros del jurado se retiraron a una sala privada, donde deliberaron sobre las pruebas, los testimonios y los dos relatos en conflicto. Los espectadores, con la respiración entrecortada, aguardaban con la respiración contenida la sentencia definitiva que sellaría el destino de Mata Hari.

Cada minuto que pasaba se convertía en una eternidad, la tensión palpable aumentaba con cada latido del corazón, incrementando la expectación en la sala. Finalmente, unos pasos resonaron en el pasillo, indicando el regreso del jurado. El juez, severo pero imparcial, tomó asiento mientras el silencio se apoderaba de la sala.

"El jurado ha tomado una decisión", anunció con voz autoritaria. El público contuvo la respiración, con los ojos fijos en Mata Hari, cuya expresión estoica no revelaba nada de la agitación que sentía en su interior. El juez continuó: "Declaramos a la acusada, Margaretha Zelle, también conocida como Mata Hari, no culpable de los cargos de espionaje".

Una abrumadora oleada de alivio y júbilo recorrió la sala, disipando las sombras de la duda. Los aplausos estallaron, las lágrimas de alegría corrieron por las mejillas de los partidarios de Mata Hari, e incluso los más escépticos entre el público descubrieron un nuevo respeto por la mujer que había soportado un juicio angustioso.

Mata Hari, escoltada por su equipo jurídico, salió a la luz del sol, con el rostro radiante de una mezcla de gratitud y triunfo agridulce. Su viaje a través de los confines de la sala del tribunal había desafiado los límites que amenazaban con mermar su espíritu, revelando a una mujer que, a pesar de los retos y la angustia a los que se había enfrentado, se había elevado por encima de todo. El espectro del espionaje se había disipado y había sido sustituido por un legado perdurable de resistencia y un compromiso inquebrantable con la superación de las limitaciones sociales.

Cuando Mata Hari se embarcó en el siguiente capítulo de su vida, el público abandonó la sala con una persistente sensación de asombro. Habían presenciado no sólo un drama judicial, sino una poderosa historia de desafío, redención y búsqueda inquebrantable del verdadero yo. La historia de Mata Hari la inmortalizaría para siempre como una figura enigmática, una mujer que dejó una huella indeleble en la historia y un recordatorio de que los límites que se nos imponen a menudo están destinados a ser desafiados.

Capítulo 10: El veredicto

A medida que avanzaba el juicio de Mata Hari, el mundo observaba con gran expectación, ansioso por descubrir la verdad que se ocultaba tras la sensacional vida de esta enigmática mujer. La sala del tribunal bullía de expectación mientras la acusación exponía su caso, con el objetivo de demostrar la culpabilidad de Mata Hari como espía y traidora a su país. La defensa, por su parte, luchó con vehemencia para presentarla como una artista incomprendida acusada injustamente.

El juicio fue un espectáculo sin igual, que cautivó al público con su mezcla de misterio, intriga y escándalo. Mata Hari, envuelta en sus característicos velos y exóticos atuendos, se sentó serena pero vulnerable en medio de un mar de miradas críticas. La acusación presentó una serie de pruebas condenatorias, alegando que había utilizado su encanto seductor para extraer secretos militares de hombres influyentes durante la Primera Guerra Mundial.

Testigo tras testigo subieron al estrado, relatando encuentros con Mata Hari y confirmando su supuesta implicación en el espionaje. Iconos de la esfera militar y política testificaron con convicción, pintando una vívida imagen de Mata Hari como una mujer fatal manipuladora que no se detendría ante nada para lograr sus objetivos. El peso de las pruebas contra ella parecía insuperable.

Sin embargo, a medida que avanzaba el juicio, las complejidades de la justicia pasaron a primer plano. El equipo de defensa de Mata Hari contraatacó con fervor, tratando de desmontar pieza por pieza los argumentos de la acusación. Trataron de cuestionar la credibilidad de los testigos, impugnando la validez de sus testimonios y poniendo en duda sus motivos.

A medida que el juicio se acercaba a su fin, el jurado se enfrentaba a la desalentadora tarea de emitir un veredicto que moldearía para siempre el legado de Mata Hari. Se presentaron las pruebas, se expusieron los argumentos y el destino de esta enigmática mujer pendía de un hilo.

Llegó el momento de la verdad. La sala se llenó de un silencio espeluznante mientras el jurado volvía a la sala, con expresiones impasibles que no dejaban entrever su decisión. El corazón de Mata Hari latía con fuerza en su pecho, su futuro pendía del filo de la navaja.

El juez, una figura de autoridad y finalidad, observó los rostros expectantes, su mirada se posó en la acusada antes de pronunciar lentamente las palabras que sellarían su destino. "Mata Hari, has sido encontrada..."

Y con estas palabras, lectores, debemos hacer una pausa. La conclusión de este capítulo, y el impactante desenlace del juicio de Mata Hari, se desvelarán en la segunda parte. Profundiza en las complejidades de la justicia y desentraña el impacto que tuvo en su legado en la próxima entrega de esta apasionante historia.

Pero por ahora, dejemos que el suspense persista mientras contemplamos la enormidad del veredicto que pende en el aire. Puede que el juicio haya llegado a su clímax, pero las repercusiones aún no se han entendido del todo. El destino de Mata Hari, su vida y el legado que deja tras de sí están íntimamente ligados al juicio final que le aguarda.

Tómense un momento, lectores, para reflexionar sobre el peso de este momento crucial, porque la historia no espera a nadie, y la verdad es una fuerza poderosa que puede forjar destinos. Acompáñennos la próxima vez para desentrañar la segunda mitad del capítulo 10, donde se desarrollará el impactante desenlace del juicio de Mata Hari, que dejará una marca indeleble en su legado y en los anales de la propia historia.Mata Hari contuvo la respiración mientras el peso del veredicto flotaba en el aire. La mirada del juez parecía atravesarla, con el poder de forjar su destino. Finalmente, tras lo que pareció una eternidad, pronunció las palabras que sellarían su destino.

"Mata Hari, te han encontrado..." su profunda voz resonó por toda la sala, creando un intenso silencio que envolvió a todas las almas presentes.

La expectación en la sala era palpable. El jurado, con sus expresiones impasibles, no reveló nada sobre su decisión. Los espectadores se inclinaron hacia delante en sus asientos, ansiosos por vislumbrar el juicio final que marcaría para siempre el futuro de esta enigmática mujer.

Y entonces, con una pausa solemne, la voz del juez volvió a llenar la sala: "...inocente".

Las palabras retumbaron como un trueno, propagando ondas de incredulidad entre los asistentes. Se oyeron jadeos y murmullos que oscilaban entre la incredulidad y la satisfacción. La propia Mata Hari no podía comprender el desenlace que acababa de producirse ante ella.

Su corazón, que latía sin cesar, de repente se sintió ligero, como si se hubiera quitado un gran peso de encima. Una mezcla de alivio e incredulidad inundó su organismo, haciendo que las piernas le flaquearan y los ojos se le llenaran de lágrimas.

Su equipo de defensa estalló en sonrisas triunfales, felicitándose mutuamente por su victoria. Su duro trabajo, su perseverancia y su incesante lucha habían dado sus frutos. Mata Hari, aunque aliviada, se esforzaba por comprender el repentino giro de los acontecimientos.

Mientras la sala del tribunal bullía de conversaciones y las emociones se desbocaban, Mata Hari mantuvo la compostura, con los ojos fijos en el juez. En ese momento, se dio cuenta de que su vida y su legado nunca volverían a ser los mismos. Ya no sería tachada de traidora, su nombre ya no podría asociarse con el espionaje y la traición.

El tiempo pareció ralentizarse mientras asimilaba la magnitud del veredicto. Una mezcla de emociones se arremolinaba en su interior: gratitud, alivio, incredulidad y una persistente tristeza por el hecho de que su reputación ya hubiera quedado irrevocablemente empañada.

Aunque las pruebas de la acusación parecían insuperables, el equipo de defensa de Mata Hari las desmontó hábilmente, poniendo en duda la credibilidad y los motivos de los testigos. Desafiaron con éxito la narrativa de la acusación, presentando a Mata Hari como una artista incomprendida que había sido acusada injustamente.

Pero mientras el peso del veredicto se asentaba, no pudo evitar reflexionar sobre el impacto que este juicio tendría en su legado. Los murmullos y rumores que la habían perseguido nunca se desvanecerían del todo. Incluso en su momento de triunfo, sabía que las cicatrices dejadas por este juicio serían duraderas.

Para Mata Hari, el juicio se había convertido en mucho más que un espectáculo de justicia: se había convertido en un viaje personal de autodescubrimiento. Se le había dado una segunda oportunidad en la vida, una oportunidad de redefinir su narrativa. La oportunidad de demostrar que era algo más que la seductora mujer fatal que el mundo había llegado a considerar.

Al salir del tribunal, Mata Hari se encontraba en la encrucijada de su vida. Sabía que el mundo la recordaría siempre como la mujer acusada de espionaje, la bailarina exótica de aura misteriosa. Pero estaba decidida a recuperar su verdadera esencia, a demostrar su talento como artista y a dejar tras de sí un legado que trascendiera los límites que se le habían impuesto.

El juicio había puesto de manifiesto las complejidades de la justicia, demostrando que la percepción y la verdad a menudo se enredan en una red de prejuicios y suposiciones. Le había recordado el inmenso poder de la narración de historias, cómo un único relato puede moldear la opinión pública y definir el destino de una persona.

La resolución del juicio anunció un nuevo comienzo para ella, un viaje para desafiar las limitaciones y despojarse de la enigmática fachada que durante tanto tiempo había ocultado su identidad.

Al dejar a Mata Hari en este momento crucial, recordamos que la historia no es simplemente una sucesión de acontecimientos; es un tapiz tejido por las decisiones y acciones de quienes desafían los límites y el statu quo. Permanezcan atentos al próximo capítulo, en el que desentrañaremos las secuelas del veredicto, profundizaremos en el camino de Mata Hari y en los territorios inexplorados que le aguardan.

Capítulo 11: Encarcelamiento y aislamiento

Encerrada en la celda de la prisión, el corazón de Mata Hari se hundió de desesperación y el frío del aislamiento le caló hasta los huesos. La antaño glamurosa y enigmática bailarina se encontraba ahora confinada en un espacio sombrío y desolado, despojada de su libertad y a la espera de su incierto destino.

El implacable sonido de los barrotes metálicos al cerrarse resonaba en los oídos de Mata Hari, cada estruendo era un recordatorio del confinamiento que minaba su bienestar emocional. Atrás quedaban los días de público adorador y actuaciones fastuosas, sustituidos por una existencia solitaria marcada por la ansiedad y la incertidumbre. A Mata

Hari se le hizo un nudo en el estómago con la sola mención de su inminente juicio, y cada latido de su corazón se hizo eco de su creciente temor.

Sola en su celda, Mata Hari anhelaba una caricia reconfortante o una voz amiga, cuya ausencia amplificaba el dolor de su soledad. Los atormentadores recuerdos de sus amantes del pasado y los ecos de su otrora vibrante vida fuera de la celda consumían los pensamientos de Mata Hari, difuminando la línea entre la realidad y el arrepentimiento en su aislada existencia. Recuerdos de un pasado colorido, de amantes y de la vida que una vez llevó fuera de los confines de su celda.

El tiempo en la celda vacilaba como una vela parpadeante, los días se convertían en noches y viceversa, un ciclo interminable de monotonía que deformaba los límites de la realidad para Mata Hari. La rutina era implacable, ya que sólo se le permitía un contacto mínimo con las demás reclusas, que, como ella, estaban agobiadas por sus propios problemas. La camaradería de la que antes disfrutaba en los vibrantes círculos de su vida social fue sustituida por un silencio perpetuo y una soledad dolorosa.

Sola en sus pensamientos, Mata Hari buscó refugio en las páginas manchadas de tinta, donde su agitación interior se derramó en un intento desesperado de aferrarse a la cordura en medio del sofocante silencio de su confinamiento. Volcaba sus pensamientos, miedos y arrepentimientos en el papel, encontrando una especie de liberación en el acto de escribir. A través de sus cartas y reflexiones, se aferraba a su identidad, esperando desesperadamente que alguien más allá de los muros de la prisión escuchara sus gritos silenciosos.

Su correspondencia ofrecía una visión poco frecuente de las profundidades de su desesperación y de la capacidad de resistencia de que hizo acopio para superar sus difíciles circunstancias. Sus cartas se convirtieron en un campo de batalla de desafío y verdad, donde libraba una guerra contra las injusticias a las que se enfrentaba, firme en desafiar las acusaciones que manchaban su nombre e inquebrantable en su creencia en su propia inocencia. Sin embargo, esas misivas rara vez recibían la comprensión o empatía que ella anhelaba.

El tiempo pasaba inexorablemente, cada momento que pasaba la acercaba más al día de su juicio. La expectación pesaba sobre su ya agobiado espíritu, aumentando su sensación de aislamiento. Mata Hari sabía que sus posibilidades de ser absuelta eran escasas, lo que nublaba sus días con una premonitoria sensación de finalidad.

En los confines de su celda, Mata Hari se encontraba enredada en sus propios pensamientos. Reflexionaba sobre sus decisiones, se interrogaba sobre sus motivos y buscaba un atisbo de comprensión en medio del caos que se había apoderado de su vida. ¿Cómo había acabado aquí? ¿Había una oportunidad de redención o un camino alternativo que pudiera haber tomado?

Atormentada por los fantasmas de su pasado, reflexionaba sobre la precaria línea que la separaba de la fama y la infamia. El atractivo de una vida glamurosa la había impulsado hacia adelante, difuminando los límites entre la realidad y el mito. Y ahora, esos límites se han derrumbado, dejándola expuesta a las consecuencias de su atrevida y enigmática personalidad.

Cuando la primera mitad del capítulo llega a su fin, Mata Hari sigue atrapada en su prisión de aislamiento. El peso de su inminente destino flota en el aire, la incertidumbre de su futuro persiste como una pregunta sin respuesta. Hari no sabe que la segunda parte de su historia le deparará giros inesperados y que su viaje para desafiar los límites tomará un rumbo imprevisto. La segunda mitad del capítulo continúa como sigue:

A medida que pasaban los días, el aislamiento de Mata Hari se hacía aún más crudo y opresivo. Los muros de la prisión parecían cerrarse a su alrededor, amplificando el peso de su cautiverio. Cada crujido y cada pisada le recordaban sus terribles circunstancias.

Cada noche que pasaba, se encerraba más en sí misma, luchando contra los recuerdos que atormentaban su mente. Sus pensamientos oscilaban entre lamentarse por su situación actual y rememorar el cautivador mundo en el que había vivido. Anhelaba el calor de los focos y el abrazo embriagador de los aplausos, pero en la fría oscuridad de su celda, esos deseos parecían fantasías lejanas.

Pero incluso en sus momentos más oscuros, Mata Hari se negó a rendirse a la desesperación. En lugar de ello, se aferró ferozmente a su resistencia, sacando fuerzas de su interior para soportar la interminable soledad que la envolvía. Siguió dedicada a su oficio y utilizó la palabra escrita como salvavidas hacia el mundo exterior.

Las cartas que escribía entre rejas se convirtieron en testimonio de sus pensamientos y emociones más íntimos. En ellas desahogaba su corazón, buscando desesperadamente consuelo o comprensión. Explicaba los entresijos de su vida, con la esperanza de acabar con las ideas falsas y las calumnias que habían rodeado su nombre. Sus palabras tenían el peso de su inocencia, aunque cayeran en oídos indiferentes.

Envolviéndose en el efímero abrazo de la memoria, escribía también sobre sus amores y aventuras pasadas. Cada trazo de tinta le permitía revivir los momentos robados de pasión y evasión de la realidad. En esas ventanas escritas a su alma, anhelaba una conexión, con la esperanza de que sus palabras pudieran encontrar corazones comprensivos más allá de los muros de su prisión.

Sin embargo, la mayoría de las veces, su correspondencia era recibida con silencio. El mundo parecía haberla dejado de lado, abandonándola a su suerte. La indiferencia de quienes antes decían admirarla y adorarla la hería profundamente, y la profunda soledad de su confinamiento parecía insuperable.

Pero Mata Hari, la enigmática bailarina que había cautivado al público con cada uno de sus movimientos, se negaba a ser silenciada. Mientras el mundo hacía la vista gorda, ella se aferraba a un rayo de esperanza. Creía que su verdad acabaría traspasando los límites de su aislamiento y llegaría a quienes estuvieran dispuestos a escucharla.

Los días se convirtieron en semanas, y las semanas en meses, marcando el paso del tiempo en la monotonía de la vida en prisión. La expectativa del juicio pesaba mucho en su corazón, mezclada con el aislamiento y la incertidumbre siempre presentes. Sabía que sus posibilidades de obtener un veredicto justo eran escasas, y la inminente conclusión del juicio se cernía sobre ella como una conclusión inevitable.

Entre la introspección y el desesperado anhelo de libertad, Mata Hari se encontraba a menudo contemplando las decisiones que había tomado y que la habían conducido a esta sombría celda. Se cuestionaba sus propias motivaciones, interrogaba cada uno de sus movimientos y trataba de desenredar la red de fama e infamia que había tejido a su alrededor.

Tal vez su atractivo la había cegado ante las consecuencias de sus actos. Tal vez se había enredado en una narrativa que ya no podía controlar. Los límites que una vez había desafiado ahora pesaban sobre ella, atrapándola en un ciclo de arrepentimiento e introspección.

Sin embargo, bajo la duda y la angustia, Mata Hari se aferró al atisbo de redención que aún parpadeaba en su interior. En las profundidades de su aislamiento, encontró un renovado sentido de la determinación. Se comprometió a llevar su historia más allá de los muros de su prisión, para asegurarse de que su voz, por muy silenciada que estuviera, resonara a lo largo de los años.

Pero por ahora, a medida que la segunda mitad de este capítulo se acerca a su fin, Mata Hari permanece encarcelada y aislada. La incertidumbre sobre su futuro flota en el aire, y el peso de su inminente destino es una carga siempre presente. El viaje que ha emprendido, desafiando los límites físicos y emocionales, seguirá desarrollándose y revelando giros inesperados. Pero esa parte de su historia aún está por contar, una historia que espera pacientemente a ser entretejida en el tejido de su enigmático legado.

Y así, por ahora, dejamos a Mata Hari, esperando su destino en el frío abrazo de su soledad, con su espíritu inquebrantable y su determinación inquebrantable.

Capítulo 12: Las últimas horas

Adéntrese en las últimas horas de la vida de Mata Hari, profundizando en su mentalidad, sus miedos y los acontecimientos que condujeron a su ejecución.

La habitación estaba tenuemente iluminada, con un pesado silencio impregnando el aire. Mata Hari, antaño ataviada con glamurosos vestidos y cautivadores trajes de escena, estaba ahora sentada en una celda fría y desolada. Su radiante belleza se había desvanecido, sustituida por el cansancio grabado en su rostro. Miraba por la ventana con barrotes de hierro y sus pensamientos vagaban entre los recuerdos de su pasado y la inminente condena que la aguardaba.

Corría el año 1917 y el mundo estaba sumido en las llamas de la Gran Guerra. Mata Hari, la enigmática bailarina y supuesta espía, había sido capturada por las autoridades francesas bajo sospecha de espionaje. Fue un torbellino de acusaciones y secretos que se desvelarían en los días siguientes, conduciendo a su trágico final.

A medida que se acercaba el juicio, la mente de Mata Hari se agitaba con angustia y temor. La glamurosa fachada que había construido cuidadosamente a lo largo de los años se había desmoronado, dejando tras de sí a una mujer vulnerable llena de miedos y remordimientos. Su vida había sido un tapiz de seducción, ambición y peligro, pero ahora se encontraba atrapada en una red tejida a partir de sus propias decisiones.

Sus pensamientos se remontan a sus primeros años de vida, cuando nació como Margaretha Zelle en los Países Bajos. Fue un comienzo humilde, empañado por la trágica pérdida de sus padres a una edad temprana. Buscando un escape a sus circunstancias, se embarcó en un viaje que la transformaría en Mata Hari, la infame bailarina exótica. Sus actuaciones, mezcla de sensualidad y misticismo, cautivaron al público de toda Europa y le aseguraron un lugar en la élite.

Sin embargo, tras la fachada, Mata Hari se había enredado en una red de relaciones con hombres influyentes. Se deleitaba en la emoción de sus relaciones, explotando su encanto y atractivo para navegar por un mundo impregnado de dinámicas de poder. Fue este mundo el que acabó atrapándola, ya que sus amantes y sus secretos se convirtieron en peones de una guerra cada vez más intensa.

Mata Hari siempre se había sentido atraída por lo exótico, lo prohibido. Fue este atractivo el que la llevó al turbio mundo del espionaje, ya fuera por elección propia o por coacción. El atractivo del poder y la aventura había nublado su juicio, difuminando los límites entre la realidad y la ficción. Ahora, enfrentada a las últimas horas de su vida, lidiaba con las consecuencias de sus elecciones, y su mundo, antaño seductor, reducido a la soledad y la desesperación.

Los acontecimientos que condujeron a su captura fueron un tapiz de reuniones clandestinas, mensajes cifrados y susurros en rincones poco iluminados. Las autoridades, que sospechaban de su implicación, habían seguido de cerca todos sus movimientos. En un mundo en el que las lealtades cambiaban como las arenas movedizas, Mata Hari se había convertido en un peón atrapado entre naciones que se disputaban el dominio.

Durante el juicio, la acusación pintó a Mata Hari como una espía astuta y traicionera, mientras que ella mantuvo su inocencia con una mezcla de desafío y vulnerabilidad. Pero la pregunta persiste: ¿era realmente una espía maestra o una desafortunada víctima atrapada en un juego mortal de manipulación?

Mientras transcurrían las últimas horas, Mata Hari encontró consuelo en la reflexión. Su mente oscilaba entre momentos de arrepentimiento y rebelión, miedo y fortaleza. La mujer que antaño había acaparado la atención de innumerables admiradores con su hechizante danza se enfrentaba ahora a su última actuación, una que redefiniría su legado en la historia.

Mata Hari no sabía que los dramas judiciales y los desgarradores testimonios eran sólo el principio de su trágica historia. En la segunda mitad de este capítulo se desvelará todo el alcance de su destino, y los lectores se adentrarán aún más en el enigmático mundo de Mata Hari, que desafiará los límites hasta el final.

...Mata Hari estaba sentada en su fría celda, con el peso de la muerte inminente sobre sus cansados hombros. El tiempo se le antojaba interminable y fugaz a la vez, mientras transcurrían las últimas horas de su vida. Los recuerdos de su pasado danzaban por su mente, cada uno de ellos un doloroso recordatorio de las decisiones que la habían conducido a este momento.

Cerró los ojos y se dejó transportar a una época anterior a las acusaciones y el juicio, a una época en la que sólo era Margaretha Zelle, una joven de los Países Bajos. La trágica muerte de sus padres había marcado el comienzo de una vida llena de incertidumbre y anhelo de algo más. Así se embarcó en un viaje que la transformaría en la cautivadora Mata Hari, la bailarina exótica que había encandilado al público de toda Europa.

El atractivo del glamuroso mundo que había creado le había permitido explorar reinos más allá de sus sueños más salvajes, pero también la había llevado a la órbita de hombres influyentes que se habían convertido tanto en sus amantes como en su perdición. Mata Hari se había deleitado en la emoción de sus relaciones, utilizando su encanto y atractivo para navegar por un mundo impregnado de dinámicas de poder. Fue este mundo el que la atrapó, ya que los secretos que guardaban se convirtieron en peones de una guerra cada vez más intensa.

El espionaje, ya fuera por elección o por coacción, la había arrastrado aún más al turbio mundo de la traición y la manipulación. En esas últimas horas, Mata Hari se enfrentó a las consecuencias de sus decisiones, y su mundo, antes tentador, se vio reducido a la soledad y la desesperación. El atractivo del poder y la aventura había nublado su juicio, difuminando los límites entre la realidad y la ficción.

Mientras el mundo fuera de su celda seguía siendo consumido por las llamas de la guerra, Mata Hari encontró consuelo en sus recuerdos. Recordaba las reuniones clandestinas, los mensajes cifrados y los susurros en rincones poco iluminados que habían conducido a su captura. Las autoridades, sospechosas de su implicación, habían vigilado meticulosamente todos sus movimientos. En un mundo en el que las lealtades cambiaban como las arenas movedizas, ella se había convertido en un peón atrapado entre naciones que se disputaban el dominio.

Durante su juicio, la acusación pintó a Mata Hari como una espía astuta y traicionera, mientras ella mantenía su inocencia con una mezcla de desafío y vulnerabilidad. Los dramas de la sala del tribunal, con sus desgarradores testimonios, parecían una representación propia. Pero la pregunta persistía: ¿era realmente una espía maestra o una desafortunada víctima atrapada en un juego mortal?

A medida que se acercaban los últimos momentos, Mata Hari pensaba en el legado que dejaría tras de sí. ¿La recordaría la historia como una villana o como una víctima? Había bailado en escenarios de toda Europa, cautivando al público con sus hechizantes actuaciones. Pero ahora, ante su última actuación, se preguntaba qué pensaría el mundo de su historia.

Mata Hari no sabía que su destino no terminaría al cerrarse las puertas del tribunal. La segunda parte de su trágica historia aguardaba, lista para desarrollarse con giros aún mayores. La enigmática Mata Hari había desafiado los límites a lo largo de su vida, pero su verdadero desafío llegaría ante su inevitable desaparición.

Capítulo 13: El legado perdura

Reflexione sobre el legado perdurable de Mata Hari, examinando el impacto cultural y la fascinación que siguen ejerciendo su vida y su personaje.

Mata Hari, la enigmática bailarina e infame mujer fatal, ha cautivado la imaginación de gentes de todo el mundo durante más de un siglo. Su historia rezuma intriga, misterio y un toque de tragedia, lo que la convierte en una figura imposible de olvidar. A pesar del paso del tiempo, el legado de Mata Hari sigue vivo, dejando una huella indeleble en la cultura popular e inspirando a innumerables artistas, escritores e intérpretes.

Nacida Margaretha Geertruida Zelle en los Países Bajos en 1876, Mata Hari se reinventó a sí misma a través de la danza, adoptando su nombre artístico que significa "ojo del día" en malayo. Con su aspecto exótico, sus sensuales actuaciones y sus tentadores disfraces, cautivó al público de toda Europa. Sus actuaciones mezclaban elementos de la cultura oriental con un toque occidental, desafiando las normas sociales y despertando la imaginación.

Sin embargo, la fama de Mata Hari fue más allá de su talento artístico. Fueron su estilo de vida poco convencional, sus escandalosas relaciones y sus supuestas actividades de espionaje las que la catapultaron al reino de la leyenda. Durante la Primera Guerra Mundial, su supuesta participación como agente doble captó la atención del público, desatando una intensa fascinación y especulaciones que aún persisten.

Una de las razones del impacto duradero de Mata Hari reside en la época en que vivió. El cambio de siglo fue testigo de un panorama social cambiante, en el que se cuestionaban los roles y expectativas tradicionales de género. Mata Hari personificó el empoderamiento femenino a través de su sensualidad, independencia y búsqueda sin complejos del placer. En una época en la que se esperaba que las mujeres fueran recatadas y sumisas, ella desafió los límites y se convirtió en un emblema de rebeldía contra las normas sociales.

Además, la experiencia de Mata Hari personificaba la incómoda tensión entre Occidente y Oriente en aquella época. En el apogeo del colonialismo, la fascinación europea por las culturas exóticas y la óptica orientalista moldearon las percepciones y contribuyeron a su atractivo. La incorporación de elementos orientales en sus actuaciones aprovechó las corrientes de fascinación y misticismo que rodeaban a Oriente, aumentando su atractivo y exotismo.

A lo largo de los años, la historia de Mata Hari ha sido contada y reinterpretada en diversos medios de comunicación, consolidando su lugar en la cultura popular. Libros, películas y obras de teatro han relatado su vida, y cada interpretación ha añadido capas a su complejo personaje. Desde la interpretación de Greta Garbo en la película de 1931 "Mata Hari" hasta la novela histórica de Paulo Coelho "El espía", los creadores han encontrado inspiración en su enigma, perpetuando su encanto y garantizando la perdurabilidad de su legado.

Esta fascinación constante por Mata Hari puede atribuirse a la naturaleza polifacética de su historia. ¿Era una astuta espía que utilizaba sus poderes de seducción para manipular a hombres poderosos? ¿O fue víctima de las circunstancias, atrapada en una red de intrigas políticas? El encanto reside en la ambigüedad y la incertidumbre, que alimentan un sinfín de especulaciones y debates.

Además, el legado de Mata Hari también puede verse en cómo desafió las normas sociales relativas a la feminidad y la sexualidad. Su descarada aceptación de sus propios deseos y su negativa a ajustarse a las expectativas convencionales siguen resonando en la sociedad actual. Representa un símbolo de empoderamiento para las mujeres, un recordatorio de que es posible liberarse de las limitaciones impuestas por las expectativas sociales.

A medida que profundizamos en la fascinación por Mata Hari, se hace evidente que su atractivo va mucho más allá de su vida como artista o espía. Personifica una compleja mezcla de arte, sensualidad, empoderamiento y mito. Con cada generación que pasa, nuevas interpretaciones y descubrimientos se suman al creciente tapiz de su legado, consolidando su estatus de icono y enigma cultural.

Y así, el legado perdurable de Mata Hari sigue cautivando corazones y mentes, y su historia impregna los ámbitos del arte, la literatura y la imaginación. La segunda mitad de este capítulo desentrañará aún más capas de esta intrigante saga, explorando el impacto duradero que Mata Hari ha tenido en el espionaje, el feminismo y el panorama cultural en general. Su historia está lejos de haber terminado, y a medida que nos adentramos en las profundidades de su enigma, desvelamos un sinfín de verdades y misterios que aún están por desvelar.A medida que profundizamos en el legado de Mata Hari, su impacto en el espionaje, el feminismo y el panorama cultural en general se hace cada vez más evidente. En el ámbito del espionaje, su presunta participación como agente doble durante la Primera Guerra Mundial dejó una huella imborrable en la historia de las operaciones de inteligencia.

La vida de Mata Hari como artista le proporcionó la tapadera perfecta para sus actividades clandestinas. Sus viajes por Europa como bailarina le permitieron establecer contactos con personas influyentes de distintos países, lo que acabó convirtiéndola en una persona de interés para las agencias de inteligencia. Sin embargo, el alcance de su implicación real en el espionaje sigue envuelto en el misterio y la especulación.

Mientras que algunos creen que Mata Hari se dedicó realmente al espionaje, utilizando su sensualidad y encanto para extraer información, otros sostienen que no fue más que un chivo expiatorio, injustamente acusada debido a su estilo de vida poco convencional y a sus relaciones con oficiales militares de alto rango. Puede que la verdad nunca se conozca del todo, pero el enigma que dejó tras de sí no ha hecho sino alimentar la fascinación que sigue rodeando su vida.

Un aspecto indiscutible del legado de Mata Hari es su influencia en el feminismo. En una época en la que los derechos y libertades de la mujer aún estaban muy restringidos, ella desafió las expectativas sociales y abrazó su propia sexualidad e independencia. Su búsqueda sin complejos del placer y su negativa a ajustarse a los roles de género tradicionales desafiaron las normas de feminidad imperantes.

Su audaz comportamiento tocó la fibra sensible de muchas mujeres que anhelaban la liberación, inspirándolas a cuestionar las restricciones sociales y a luchar por su propio empoderamiento. El legado de Mata Hari como símbolo de rebeldía femenina sigue resonando en los tiempos modernos, recordando a las mujeres que ellas también tienen el poder de liberarse de las expectativas sociales y definir su propio destino.

Además, el atractivo perdurable de Mata Hari reside en el cautivador mito que la rodea. Su cautivador encanto y su misterioso personaje han sido objeto de innumerables historias, películas y obras de arte a lo largo de los años. Cada interpretación ofrece una nueva perspectiva, que se añade al complejo tapiz de su enigma.

Desde la gran pantalla hasta las páginas de la literatura, artistas y narradores se han sentido atraídos por la historia de Mata Hari, tratando de captar la esencia de su mística. Cada representación añade nuevas capas a su personaje, explorando diferentes facetas de su personalidad y abriendo nuevas vías de interpretación.

En los últimos años se han hecho esfuerzos por desvelar la verdadera historia que se esconde tras la leyenda. La investigación de archivos y el análisis histórico han arrojado luz sobre aspectos hasta ahora desconocidos de la vida de Mata Hari, ofreciendo un retrato más matizado de la mujer que se esconde tras el mito. Estos descubrimientos han aumentado la fascinación por ella y han puesto en tela de juicio algunos de los relatos predominantes en torno a su figura.

Profundizando en el contexto histórico en el que vivió Mata Hari y examinando los factores socioculturales que dieron forma a su historia, comprendemos mejor el atractivo eterno y el significado que tiene. Su leyenda persiste no sólo por sus supuestas actividades de espionaje o su desafío a las normas sociales, sino también porque representa un poderoso símbolo de los deseos humanos, las vulnerabilidades y la eterna lucha por la libertad personal.

Mientras seguimos navegando por las profundidades del enigma de Mata Hari, nuevas verdades y misterios esperan a ser desvelados. Su legado es un testimonio del eterno atractivo de quienes se atreven a desafiar los límites y las normas, y a abrazar su propia individualidad. Ya sea como artista, espía o icono del feminismo, Mata Hari sigue siendo una figura enigmática cuya historia sigue resonando y cautivando la imaginación.

En conclusión, el legado perdurable de Mata Hari abarca un rico tapiz de arte, mitología, espionaje y feminismo. Su historia resuena a través del tiempo, inspirando fascinación e intriga y dejando una huella indeleble en la cultura popular. Desde sus fascinantes actuaciones sobre el escenario hasta la controversia en torno a su supuesta implicación en el espionaje internacional, la historia de Mata Hari es compleja y contradictoria. A medida que desvelamos las capas de su enigma, descubrimos una figura cautivadora cuya influencia trasciende las fronteras y resuena en personas de todas las edades y procedencias. El

encanto de Mata Hari perdura, grabando para siempre su nombre en los anales de la historia y perpetuando un legado tan enigmático como la propia mujer.

Capítulo 14: Controversias y conspiraciones

Descubra las controversias y teorías conspirativas en torno a la vida de Mata Hari, arrojando luz sobre las dudas persistentes y las preguntas sin respuesta.

A medida que se desarrolla la cautivadora historia de Mata Hari, es imposible ignorar las controversias y teorías conspirativas que han envuelto su enigmática vida. Aunque ha sido célebre como bailarina exótica, mujer fatal y espía infame, su verdadera identidad sigue envuelta en el misterio y la especulación. En este capítulo nos adentramos en la red de controversias que rodean a Mata Hari, explorando la vida secreta que llevó y las dudas que persisten hasta hoy.

Una de las controversias más persistentes gira en torno al supuesto papel de Mata Hari como espía durante la Primera Guerra Mundial. Se cree que fue reclutada por varias agencias de inteligencia para recabar información de personajes influyentes de toda Europa. Sin embargo, el verdadero alcance de su participación sigue siendo objeto de debate entre los historiadores. Algunos sostienen que no fue más que un chivo expiatorio, mientras que otros afirman que fue una hábil agente doble que actuó en ambos bandos del conflicto.

Una teoría sugiere que la relación de Mata Hari con altos cargos militares y políticos le permitió reunir valiosos datos de inteligencia. Se especula que utilizó su incomparable encanto y seducción para extraer información confidencial, llegando incluso a seducir a figuras influyentes para asegurar su posición. Esta teoría se apoya en el hecho de que era conocida por mantener estrechas relaciones con hombres prominentes de diferentes naciones, lo que le permitía acceder a conversaciones y documentos clasificados.

Otro aspecto controvertido de la vida de Mata Hari gira en torno a sus relaciones personales. Sus numerosos enredos amorosos dieron pie a habladurías y especulaciones. Algunos sostienen que estas relaciones no eran meros asuntos del corazón, sino alianzas estratégicas para promover sus actividades de espionaje. Sus conexiones con hombres poderosos, incluidos oficiales militares y políticos, suscitaron dudas sobre la verdadera naturaleza de sus intenciones y el alcance de su implicación en el espionaje.

Además de estas controversias, persisten dudas sobre la lealtad y fiabilidad de Mata Hari. Algunos creen que fue una doble agente que jugó a dos bandas en la guerra para asegurar su propia supervivencia. Esta teoría sugiere que proporcionó información tanto a los Aliados como a las Potencias Centrales, y que finalmente fue víctima de su propio engaño. Otros, sin embargo, sostienen que fue simplemente un peón atrapado en el fuego cruzado de agencias de inteligencia rivales, y que sus verdaderas intenciones nunca se descubrieron del todo.

Sin embargo, cabe señalar que el juicio y posterior ejecución de Mata Hari en 1917 contribuyeron aún más a las conspiraciones que la rodeaban. Muchos sostienen que fue acusada injustamente, y que su juicio sirvió más como espectáculo político que como evaluación justa de sus supuestos crímenes. A pesar de la falta de pruebas concretas en su contra, fue condenada a muerte por fusilamiento, lo que consolidó para siempre su estatus como una de las figuras más notorias de la historia.

Incluso con el paso del tiempo, las controversias en torno a Mata Hari se niegan a silenciarse. Su enigmática personalidad, unida a la naturaleza secreta del trabajo de inteligencia, garantiza que su historia siga siendo fuente de fascinación e intriga. A medida que descubrimos las profundidades de su implicación en el espionaje y navegamos por las traicioneras aguas de sus relaciones personales, uno no puede evitar cuestionarse la verdad que se esconde tras los mitos que siguen rodeándola.

Curiosamente, a medida que nos adentramos en las complejidades de la vida de Mata Hari, nos esperan giros inesperados en la segunda mitad de este capítulo. La narración desvela una impactante revelación sobre el pasado de Mata Hari, profundizando en el misterio y dejando preguntas cruciales sin respuesta. Permanezca atento a la segunda mitad de este capítulo, donde se desvelarán los secretos y sorpresas que rodean el legado de Mata Hari.

Pero por ahora, hagamos una pausa mientras los susurros de controversia y conspiración llenan el aire, dejándonos al borde de nuestros asientos, esperando ansiosamente la siguiente parte de esta cautivadora historia. A medida que los secretos de Mata Hari salen lentamente a la luz, el camino que nos espera está plagado de revelaciones y desafíos inesperados, y promete un viaje fascinante. A medida que nos adentramos en las complejidades de la vida de Mata Hari, nos esperan giros inesperados. Una sorprendente revelación sobre el pasado oculto de Mata Hari aparece, intensificando la intriga y dejando sin resolver cuestiones fundamentales.

Uno de los innegables misterios que rodean a Mata Hari es su verdadero origen e identidad. A pesar de su fama y notoriedad, sigue habiendo dudas sobre sus orígenes. Algunos sugieren que nació como Margaretha Geertruida Zelle en los Países Bajos, mientras que otros afirman que en realidad era de ascendencia javanesa. Estas teorías contradictorias añaden una capa más de intriga a su enigmático personaje, haciendo aún más difícil descifrar la verdad que se esconde tras su intrigante vida.

Además, la controversia en torno a las supuestas actividades de espionaje de Mata Hari durante la Primera Guerra Mundial sigue cautivando a historiadores y teóricos de la conspiración por igual. Mientras algunos sostienen que, en efecto, espió para diversas agencias de inteligencia, otros afirman que fue utilizada ingenuamente como chivo expiatorio, atrapada en el fuego cruzado de potencias rivales.

Una teoría predominante sugiere que Mata Hari recopiló voluntariamente información de personajes influyentes durante sus interacciones como bailarina exótica. Se especula que su encanto y seducción le permitieron obtener información confidencial, y se sabe que mantenía estrechas relaciones con hombres poderosos de distintas naciones, lo que le permitió acceder a conversaciones y documentos clasificados. Sin embargo, el alcance de su implicación y las verdaderas motivaciones de sus acciones siguen siendo objeto de debate.

Otro aspecto de la vida de Mata Hari que ha suscitado controversia son sus numerosos enredos amorosos. Sus numerosas relaciones con altos cargos militares y políticos han suscitado dudas sobre si se trataba de alianzas estratégicas para favorecer sus labores de espionaje. Algunos sostienen que sus amantes podrían haber contribuido sin saberlo a su labor de espionaje, mientras que otros sugieren que sus relaciones personales eran meras distracciones de sus verdaderas intenciones.

Sin embargo, persisten las dudas sobre la lealtad y fiabilidad de Mata Hari. Algunos sostienen que era una doble agente que jugaba a dos bandas en la guerra para asegurar su propia supervivencia. Según esta teoría, proporcionó información tanto a los Aliados como a las Potencias Centrales, pero acabó siendo víctima de su propia duplicidad. Por otro lado, hay quienes sostienen que fue simplemente un peón atrapado en la compleja red de agencias de inteligencia rivales, cuyas verdaderas intenciones nunca se desvelaron del todo.

Las controversias en torno a Mata Hari se intensificaron durante su juicio y posterior ejecución en 1917. Muchos creen que fue acusada injustamente y que su juicio sirvió más como espectáculo político que como evaluación justa de sus supuestos crímenes. A pesar de la falta de pruebas concretas en su contra, fue condenada a muerte por fusilamiento, consolidando para siempre su estatus como una de las figuras más notorias de la historia.

Incluso con el paso del tiempo, los enigmas que rodean a Mata Hari se niegan a ser silenciados. Su cautivadora historia sigue fascinando e intrigando, mezclando realidad y ficción, y dejándonos con preguntas persistentes. El legado de la misteriosa bailarina perdura, perpetuando debates y teorías que intentan desentrañar la verdad de su vida y sus actividades de espionaje.

Al reflexionar sobre las controversias y teorías conspirativas que rodean a Mata Hari, nos queda una sed insaciable de descubrimiento y comprensión. La complejidad de su carácter y las sombras que cubren su historia exigen una investigación más profunda, que nos obligue a desvelar las capas de mitos y secretos. Prepárese para una revelación a medida que el capítulo profundiza en las operaciones clandestinas de Mata Hari, desenterrando verdades ocultas y giros inesperados en su legado.

Así pues, permanezcamos en el reino de la incertidumbre y las conjeturas, esperando con impaciencia las revelaciones que aún están por llegar. La historia de esta intrigante mujer sigue revelándose, arrojando luz sobre los ambiguos límites que desafió y el legado que dejó.

Capítulo 15: Representaciones artísticas

La enigmática vida y el oscuro pasado de Mata Hari han cautivado la imaginación de artistas y creadores de diversos medios. A través de la literatura, el cine y otros medios de comunicación, su historia ha sido contada y reimaginada, ofreciendo diversas interpretaciones de esta cautivadora mujer fatal. En este capítulo exploraremos las numerosas representaciones artísticas de Mata Hari y profundizaremos en las singulares lentes a través de las cuales se ha contemplado su narrativa.

La literatura ha sido una plataforma destacada para explorar la polifacética figura de Mata Hari. Su atractivo y misterioso trasfondo sirven de terreno fértil a los autores que buscan crear historias atractivas. Desde la ficción a las biografías, el personaje de Mata Hari ha sido moldeado y plasmado en toda una serie de obras literarias.

Una de las representaciones literarias más conocidas de Mata Hari se encuentra en la novela de Paulo Coelho "El espía". Coelho teje una historia que sumerge a los lectores en el mundo clandestino del espionaje, ofreciendo un relato ficticio de las experiencias de Mata Hari como agente doble durante la Primera Guerra Mundial. La novela no sólo ahonda en la confusión emocional experimentada por la protagonista, sino que también subraya la complejidad de su personalidad.

Otro retrato notable procede de las páginas de "El último baile de Mata Hari", de Michelle Moran. Esta novela de ficción histórica ofrece una descripción detallada y envolvente de la vida de Mata Hari, mezclando hechos con una narración imaginativa. Moran descubre las pruebas y tribulaciones personales a las que se enfrentó Mata Hari, arrojando luz sobre el ser humano que se esconde tras la infame seductora.

El encanto de Mata Hari también ha trascendido la literatura para encontrar un lugar destacado en el mundo del cine. Las adaptaciones cinematográficas han intentado captar su enigmático encanto y dar vida a su historia en la gran pantalla. Una representación por excelencia de Mata Hari es la película de 1931 "Mata Hari", dirigida por George Fitzmaurice y protagonizada por Greta Garbo. Esta interpretación cinematográfica encarna el poder de seducción y la vulnerabilidad de la legendaria bailarina convertida en espía, poniendo de relieve la difusa línea que separa la realidad de la ilusión en su vida.

En los últimos años, el personaje de Mata Hari ha seguido fascinando a los cineastas, dando lugar a nuevas interpretaciones de su historia. En la película de 2016 "El código de la asesina", el director David A. Armstrong explora el perdurable encanto de Mata Hari como símbolo de empoderamiento femenino. Enmarcándola como un icono del desafío a los límites sociales, la película insufla nueva vida a su legado y anima al público a reconsiderar su percepción de esta figura histórica.

Aunque la literatura y el cine han desempeñado un papel importante en la configuración de las representaciones artísticas de Mata Hari, otros medios de comunicación también han contribuido al lienzo de su mito. Las representaciones artísticas, como pinturas y esculturas, han intentado captar la esencia de esta misteriosa mujer.

Por ejemplo, el cuadro "Mata Hari", del artista francés François Flameng, muestra a la bailarina en todo su provocativo esplendor. El uso de colores vibrantes y pinceladas evocadoras transmiten el encanto y la sensualidad que rodeaban a su personaje, permitiendo al espectador adentrarse en el mundo de Mata Hari.

Además, la exploración de la historia de Mata Hari se extiende a la música. El ballet "Mata Hari", compuesto por Ted Brandsen e interpretado por el Ballet Nacional de Holanda, lleva al público en un viaje visual y emocional a través de la vida de la infame bailarina exótica. A través de una coreografía evocadora y una partitura musical arrolladora, el ballet da vida al espíritu de Mata Hari, cautivando al público con cada grácil movimiento.

En conclusión, las representaciones artísticas de Mata Hari han proporcionado un lienzo para la exploración, permitiendo a los artistas ahondar en su mística y mostrar sus interpretaciones de su cautivadora historia. Desde la literatura al cine, pasando por las artes visuales y escénicas, el enigmático encanto de Mata Hari sigue fascinando al público. La siguiente parte de este capítulo desentrañará las capas de interpretaciones artísticas, arrojando luz sobre las diversas perspectivas que han conformado su legado.La segunda mitad del capítulo 15: Representaciones artísticas profundiza en las diversas perspectivas e interpretaciones que han conformado el legado de Mata Hari. A través de diversos medios artísticos, su enigmático encanto sigue cautivando al público y despertando la imaginación.

Además de la literatura y el cine, el personaje seductor y misterioso de Mata Hari ha inspirado a numerosos artistas plásticos. Pinturas y esculturas han tratado de captar su esencia, dándole vida en lienzos y formas tridimensionales. Una representación notable es la escultura "Mata Hari" del renombrado artista Jacob Epstein. Esta escultura de bronce muestra a Mata Hari en una pose sensual que destila sensualidad y encanto. La maestría artesanal y la atención al detalle de Epstein permiten al espectador percibir la cautivadora presencia de esta enigmática figura.

Además, la exploración de la historia de Mata Hari se extiende al mundo de la música. Compositores y músicos han canalizado su espíritu y evocado su mística a través de sus creaciones melódicas. Un ejemplo notable es la ópera "Mata Hari", compuesta por Antonio Smareglia. Esta cautivadora pieza entrelaza música y narración para llevar la vida y el trágico destino de Mata Hari al primer plano de la imaginación del público. Las poderosas arias y las inquietantes melodías de la ópera evocan toda una gama de emociones, subrayando la complejidad de su personaje y el encanto intemporal de su historia.

A medida que seguimos explorando las representaciones artísticas de Mata Hari, debemos reconocer la importancia de estas interpretaciones en la configuración de su legado y su impacto en la cultura popular. La fascinación por su vida y los misterios que aún la rodean han dado lugar a reinterpretaciones contemporáneas que ofrecen nuevas perspectivas sobre su personaje.

Una de esas representaciones contemporáneas es la aclamada serie de televisión "Mata Hari: The Femme Fatale". Esta serie dramática profundiza en su historia, yuxtaponiendo su glamurosa imagen a la dura realidad de su vida como espía. A través de una narrativa apasionante y un desarrollo de personajes lleno de matices, la serie desafía las nociones preconcebidas de Mata Hari, resaltando sus vulnerabilidades e ilustrando las complejas motivaciones que la llevaron al camino que eligió.

El legado de Mata Hari se ha extendido también al ámbito de la moda y el estilo. Su icónico sentido de la moda y su exótico encanto han influido en diseñadores y fashionistas por igual. La fusión de la estética oriental y occidental, junto con sus atrevidas elecciones de atuendo, siguen sirviendo de fuente de inspiración para colecciones de pasarela y tendencias de moda. A través de sus atrevidas elecciones de moda, Mata Hari sigue dando forma a la conversación en torno a la belleza, la sensualidad y el empoderamiento.

Además, las exposiciones de arte contemporáneo han tratado de explorar el impacto y el legado de Mata Hari a través de instalaciones que invitan a la reflexión. Estas experiencias inmersivas transportan a los espectadores al mundo de Mata Hari, permitiéndoles profundizar en su historia. A través de presentaciones multimedia, exposiciones interactivas y colecciones de artefactos, estas exposiciones invitan al público a profundizar en las complejidades de su vida y en los diversos factores que conformaron su identidad.

En conclusión, las representaciones artísticas de Mata Hari son un testimonio de su perdurable encanto y de la naturaleza enigmática de su historia. Desde las artes visuales a la música, pasando por la moda y las exposiciones contemporáneas, artistas de diversos medios han ofrecido perspectivas únicas de esta cautivadora femme fatale. El carácter multidimensional de Mata Hari sigue encendiendo la imaginación del público, invitándole a explorar las profundidades de su mística y a reconsiderar sus percepciones de esta icónica figura histórica. Al concluir este capítulo, dejamos tras de sí un rico tapiz de interpretaciones artísticas, testimonio del enigmático legado de Mata Hari, que sigue inspirando y fascinando.

Capítulo 16: ¿Icono feminista o mujer fatal?

A lo largo de la historia, hay figuras que desafían las normas sociales y dejan una huella indeleble en el mundo. Mata Hari, la enigmática bailarina y presunta espía, es sin duda una de ellas. Su vida y su legado siguen siendo objeto de intenso debate, con perspectivas opuestas que la presentan como un icono feminista que rompe fronteras o como una peligrosa mujer fatal. Este capítulo ahonda en esta dicotomía, tratando de arrojar luz sobre las complejidades de la imagen de Mata Hari.

Para entender realmente las perspectivas opuestas sobre Mata Hari, es esencial profundizar en el contexto en el que vivió. Nacida en los Países Bajos en 1876, Margaretha Zelle, más conocida como Mata Hari, desafió las convenciones sociales desde su más tierna infancia. Abandonó su infeliz matrimonio y se embarcó en una nueva vida como bailarina en París, abrazando el ambiente vibrante y vanguardista de la ciudad. Sus desinhibidas actuaciones desafiaron las nociones tradicionales de feminidad, captando la atención del público y cautivándolo con su sensualidad y exotismo.

La audacia e independencia de Mata Hari son argumentos de peso para considerarla un icono feminista. En una época en la que se esperaba que las mujeres se ajustaran a los roles de esposas y madres, ella se labró su propio camino. Con una exhibición sin complejos de su cuerpo y su sexualidad, se atrevió a desafiar las normas morales imperantes. Al hacerlo, rompió los grilletes restrictivos que limitaban la agencia y la autonomía de las mujeres. Las provocativas actuaciones de Mata Hari animaron a las mujeres a abrazar su sensualidad y trascender las expectativas sociales, abogando en última instancia por su propia liberación.

Sin embargo, la interpretación feminista de la imagen de Mata Hari no está exenta de detractores. Algunos sostienen que sus actuaciones no hacían sino perpetuar la cosificación de las mujeres, reduciéndolas a meros objetos de deseo para la mirada masculina. Sostienen que, aunque pudiera parecer liberada, sus acciones acabaron reforzando el mismo patriarcado que pretendía desafiar. Los críticos sostienen que, en lugar de desafiar las normas sociales, Mata Hari se limitó a satisfacer las fantasías y los deseos masculinos de la época.

Además, la supuesta implicación de Mata Hari en el espionaje complica aún más el debate. Acusada de ser una agente doble durante la Primera Guerra Mundial, Mata Hari se enfrentó a un juicio que daría forma a su imagen durante generaciones. Su atractivo, unido a sus viajes y contactos, la convirtieron en la principal sospechosa, lo que llevó a muchos a calificarla de peligrosa mujer fatal. La narrativa en torno a sus actividades como espía eclipsó sus logros como intérprete y pionera feminista.

No obstante, es importante abordar las acusaciones contra Mata Hari con cautela. Existe un importante debate histórico y falta de pruebas concretas sobre su papel como espía. Algunos sostienen que fue un chivo expiatorio fácil, incriminada por las autoridades por motivos políticos. Su juicio se convirtió en un espectáculo que alimentó el mito de Mata Hari como espía seductora y cimentó su reputación de mujer fatal.

En última instancia, la imagen de Mata Hari como icono feminista o mujer fatal refleja las intrincadas capas de su personalidad y el enigma permanente de su legado. Aunque sus provocativas actuaciones desafiaron las normas sociales e inspiraron a las mujeres a desafiar las convenciones, sus supuestas actividades de espionaje han empañado su legado. Es esencial desentrañar las múltiples capas que rodean a Mata Hari y esforzarse por lograr una comprensión matizada de su impacto. En la segunda parte de este capítulo profundizaremos en la controversia que rodea sus actividades de espionaje y nos adentraremos en las secuelas de su juicio. Pero por ahora, el debate sigue abierto, y la verdadera naturaleza de Mata Hari continúa eludiendo nuestro alcance.Pasando del debate en curso sobre la imagen de Mata Hari, sus presuntas actividades de espionaje se convierten en un punto central de contención. Acusada de ser una agente doble durante la Primera Guerra Mundial, Mata Hari se enfrentó a un juicio que daría forma a su imagen durante generaciones. El relato de sus actividades como espía eclipsó sus logros como artista y pionera feminista. Sin embargo, es importante abordar las acusaciones contra Mata Hari con cautela, ya que existe un importante debate histórico y una falta de pruebas concretas sobre su papel como espía.

Aunque las pruebas contra Mata Hari eran, en el mejor de los casos, circunstanciales, su atractivo, unido a sus viajes y contactos, la convirtieron en la principal sospechosa a ojos de las autoridades. La percepción de que era una peligrosa mujer fatal alimentó las acusaciones, llevando a muchos a calificarla de espía sin pruebas sustanciales. Su juicio se convirtió en un espectáculo, perpetuando aún más el mito de Mata Hari como agente seductora y astuta.

Una de las pruebas clave contra Mata Hari fue una carta que supuestamente escribió a un diplomático alemán, proponiéndole espiar para Alemania. Sin embargo, existen importantes dudas sobre la autenticidad y veracidad de esta carta. Algunos sostienen que era una falsificación destinada a inculparla y desacreditarla por razones políticas. Otros sugieren que Mata Hari pudo haber sido ingenua y manipulada por los diversos hombres de su vida, lo que la llevó a enredarse sin saberlo en el mundo del espionaje.

Es importante recordar que en la época del juicio de Mata Hari, la Primera Guerra Mundial había devastado Europa, y el miedo y la sospecha eran generalizados. Las autoridades estaban ansiosas por encontrar chivos expiatorios y culpar a individuos que parecían sospechosos o fuera de lo común. Mata Hari, con su estilo de vida poco convencional y sus viajes, era un blanco fácil.

A pesar de la falta de pruebas concretas contra ella, Mata Hari fue declarada culpable de espionaje y condenada a muerte. El 15 de octubre de 1917 se enfrentó a un pelotón de fusilamiento, manteniendo su inocencia hasta el final. Su ejecución no hizo sino consolidar la imagen de Mata Hari como mujer fatal, asociada para siempre a la intriga, la seducción y la traición.

Las secuelas del juicio de Mata Hari ejemplifican aún más la complejidad de su imagen. Mientras algunos la consideraban una peligrosa espía que merecía su destino, otros la veían como víctima de la manipulación política y la misoginia. Las feministas de la época y de años posteriores han sostenido que las autoridades utilizaron sus supuestas actividades de espionaje como medio para silenciar y desacreditar a una mujer poderosa e independiente que se atrevía a desafiar las normas sociales.

Aún hoy persiste la controversia en torno a la vida y el legado de Mata Hari. La verdadera naturaleza de su implicación en el espionaje sigue siendo un misterio, y su impacto como icono feminista continúa eclipsado por la narrativa que la presenta como una mujer fatal. Desentrañar las capas entrelazadas de su compleja identidad requiere un examen cuidadoso de las fuentes históricas, el contexto y la comprensión de las limitaciones sociales en las que vivió.

Para apreciar plenamente la importancia de Mata Hari, es esencial reconocer su audacia y resistencia a la hora de desafiar las normas sociales. Sus provocativas actuaciones rompieron fronteras y animaron a las mujeres a abrazar su sensualidad y su capacidad de acción. Al atreverse a desafiar las normas morales imperantes en su época, allanó el camino para que futuras generaciones de mujeres desafiaran las convenciones y lucharan por su propia liberación.

En conclusión, la imagen de Mata Hari como icono feminista o como mujer fatal está profundamente entrelazada con las complejidades de su vida y su legado. Sus audaces actuaciones desafiaron las normas sociales e inspiraron a las mujeres a desafiar las convenciones, pero sus supuestas actividades de espionaje han empañado su legado. Profundizar en las intrincadas capas que rodean al personaje de Mata Hari proporciona una perspectiva matizada de su influencia y legado, enriqueciendo nuestra comprensión de su impacto. Aunque el alcance de sus actividades de espionaje sigue siendo incierto, el audaz desafío de Mata Hari a las normas sociales es un testimonio de su impacto duradero como feminista pionera. Puede que la historia siga debatiendo sobre su verdadera personalidad, pero su huella indeleble en el mundo es innegable.

Capítulo 17: Desentrañar el mito

Desvele el mito que rodea a Mata Hari, separando la realidad de la ficción y arrojando luz sobre la verdadera mujer que se esconde tras el cautivador personaje. A lo largo de la historia, pocos nombres han suscitado tanta intriga y fascinación como el de Mata Hari. Enigma, espía, seductora, su historia ha cautivado la imaginación de personas de todo el mundo.

Nacida como Margaretha Geertruida Zelle en los Países Bajos en 1876, más tarde adoptó el nombre artístico de Mata Hari, que significa "ojo del día" en malayo, simbolizando su cautivadora presencia. Desde muy joven, Mata Hari mostró una sed de aventuras y una determinación inquebrantable para desafiar las expectativas sociales. Sin embargo, su tumultuosa vida personal y sus supuestas actividades de espionaje durante la Primera Guerra Mundial la catapultaron a la infamia.

El enigma que rodea la vida de Mata Hari está envuelto en rumores y especulaciones que desdibujan la línea que separa la realidad de la ficción. Como bailarina y cortesana, viajó mucho por Europa, cautivando al público con sus exóticas actuaciones. Fue durante esta época cuando su reputación de mujer fatal empezó a arraigar, alimentando historias exageradas sobre su implicación en el espionaje.

Uno de los mitos más perdurables en torno a Mata Hari es su supuesto papel como espía de varias naciones durante la Primera Guerra Mundial. Según la creencia popular, utilizó sus encantos seductores para extraer valiosos secretos de altos mandos militares. Sin embargo, la verdad sobre la implicación de Mata Hari en el espionaje es, en el mejor de los casos, fragmentaria. Aunque estuvo en contacto con varias personas influyentes, hay pocas pruebas concretas de que fuera una espía experta.

Además, un concepto erróneo sobre Mata Hari gira en torno a su supuesta influencia sobre destacadas figuras políticas. Las historias de sus relaciones íntimas con hombres poderosos, como oficiales militares y políticos, no han hecho sino aumentar su enigmática personalidad. Sin embargo, los historiadores sostienen que se trataba más de encuentros breves que de alianzas duraderas.

A pesar de la falta de pruebas concretas, la reputación de espía de Mata Hari arraigó profundamente en la cultura popular. Surgieron innumerables libros, películas y canciones que perpetuaron la noción de una astuta y seductora agente doble. La verdad, sin embargo, puede ser mucho más simple. La capacidad de Mata Hari para cautivar y encantar sin esfuerzo a quienes la rodeaban contribuyó probablemente a la creación de este mito cautivador.

Más allá de las sombras del espionaje, la vida personal de Mata Hari ofrece una visión de las complejidades de su carácter. Sus matrimonios fueron tumultuosos, marcados por la traición y el desamor, y finalmente culminaron en dolorosos divorcios. Sufrió tragedias personales, como la pérdida de sus hijos y dificultades económicas que la atormentaron hasta sus últimos días.

Entre todas las leyendas y cuentos que rodean a Mata Hari, es crucial recordar que fue una mujer extraordinaria que desafió los límites que le imponía la sociedad. En una época en la que el papel de la mujer estaba estrictamente definido, ella dirigió su propio destino, persiguiendo una vida de aventura e independencia. El encanto de Mata Hari no residía sólo en su belleza, sino también en su audacia para vivir la vida a su manera.

Para comprender realmente a la mujer que se esconde tras este personaje cautivador, debemos desvelar las capas del mito y explorar la auténtica historia de Margaretha Zelle. Su resistencia y determinación ante la adversidad son testimonio de su espíritu indomable. Únase a nosotros para descubrir la verdad y arrojar luz sobre la verdadera Mata Hari, una mujer que desafió los límites y las normas sociales.

A medida que nos adentramos en el enigma de Mata Hari, resulta cada vez más importante separar la realidad de la ficción y desentrañar la verdad que se esconde tras este personaje cautivador. Aunque sus supuestas actividades de espionaje han sido objeto de muchas especulaciones, también debemos explorar las complejidades de su vida personal para comprender realmente a la mujer que se esconde tras el mito.

Los matrimonios de Mata Hari estuvieron marcados por relaciones tumultuosas y acabaron en divorcio. Su primer matrimonio, con Rudolf MacLeod, un oficial militar, la llevó a las Indias Orientales Holandesas, donde experimentó el exotismo y la riqueza cultural que más tarde influirían en su personalidad. Sin embargo, su matrimonio estuvo plagado de infidelidades y malos tratos, por lo que Mata Hari tuvo que marcharse con sus dos hijos a París para iniciar una nueva etapa en su vida.

Por desgracia, la tragedia se cebó con Mata Hari cuando sus dos hijos enfermaron y fallecieron trágicamente. Estas devastadoras pérdidas afectaron enormemente a su espíritu y complicaron aún más su ya precaria situación económica. En sus desesperados intentos por llegar a fin de mes, Mata Hari recurrió al cortejo, convirtiéndose en acompañante y bailarina de lujo.

Fue durante este periodo de su vida cuando comenzó a consolidarse la reputación de Mata Hari como mujer fatal, cautivando al público con su enigmático encanto y su misteriosa personalidad. Con sus fascinantes actuaciones y su seductor encanto, cautivó al público de toda Europa. Sin embargo, quizá fueron sus encuentros con personajes influyentes los que contribuyeron a alimentar las versiones sobre su implicación en el espionaje.

Numerosos rumores sugieren que Mata Hari mantuvo relaciones con oficiales militares y políticos, lo que llevó a afirmar que intercambiaba favores sexuales por valiosos secretos. Si bien es cierto que Mata Hari mantuvo relaciones con estos poderosos hombres, los historiadores sostienen que estas relaciones fueron a menudo breves y pasajeras, y que es poco probable que le proporcionaran un acceso significativo a información clasificada.

Hay pocas pruebas concretas que demuestren el papel de Mata Hari como espía altamente cualificada, como a muchos les gustaría creer. Las complejidades de su vida personal, unidas a sus ambiciones como artista, pueden haber contribuido inadvertidamente a la creación de este seductor mito. Su capacidad para cautivar a quienes la rodeaban, tanto dentro como fuera del escenario, facilitó que el público la imaginara como una astuta agente doble.

A medida que crecía el mito en torno a Mata Hari, superaba los límites de la realidad y se arraigaba profundamente en la cultura popular. Innumerables libros, películas y canciones la describen como una espía seductora y peligrosa. Sin embargo, es esencial recordar que estas representaciones se basan en gran medida en especulaciones e interpretaciones artísticas, más que en pruebas históricas concretas.

Por último, debemos reconocer la resistencia y determinación que caracterizaron la vida de Mata Hari. A pesar de las tragedias que sufrió, se mantuvo inquebrantable en su búsqueda de la aventura y la independencia. En una época en la que el papel de la mujer estaba estrictamente definido y confinado, Mata Hari desafió las normas sociales y forjó su propio camino.

Para comprender realmente a Margaretha Zelle, la mujer que se esconde tras la enigmática Mata Hari, debemos despojarnos de las capas del mito y desvelar la auténtica historia. No fue sólo una seductora, una espía o una mera víctima de las circunstancias. Mata Hari fue una persona compleja que desafió los límites y las expectativas de la sociedad con audacia y un espíritu inquebrantable.

En conclusión, separar la realidad de la ficción cuando se trata de Mata Hari es una tarea difícil. Los límites entre la realidad y el mito son a menudo difusos, y las pruebas históricas siguen siendo fragmentarias. Sin embargo, al explorar su vida personal, sus ambiciones como artista y su espíritu perdurable, podemos vislumbrar a la verdadera mujer que se esconde tras su cautivador personaje. Margaretha Zelle fue una mujer que desafió las expectativas sociales, persiguiendo una vida de aventura e independencia, dejando una huella indeleble en la historia para las generaciones venideras.

Capítulo 18: Influencia en la cultura popular

Explore la significativa influencia de Mata Hari en la cultura popular, desde las tendencias de la moda hasta las representaciones teatrales, que reflejan su impacto duradero.

A lo largo de la historia, algunos individuos han conseguido cautivar la imaginación de la gente, dejando una huella indeleble en la cultura popular. Mata Hari, la enigmática bailarina exótica convertida en presunta espía, es una de esas figuras influyentes. Su encanto y mística siguen inspirando y moldeando diversos aspectos de la cultura popular. Desde la moda hasta el teatro, el legado de Mata Hari ha dejado una huella indeleble en el mundo.

Una de las manifestaciones más evidentes de la influencia de Mata Hari es el mundo de la moda. Su icónico estilo personal y sus aventureras elecciones de moda han seguido resonando entre diseñadores y entusiastas de la moda hasta nuestros días. Mata Hari fue pionera en una moda audaz y atrevida que mezclaba diversos elementos culturales para crear un look distintivo y cautivador. Combinaba sin esfuerzo influencias exóticas orientales y occidentales, exhibiendo accesorios extravagantes, joyas intrincadas y tejidos vibrantes que celebraban su identidad multicultural. Desde sus ornamentados tocados y velos hasta sus atuendos dramáticos y atrevidos, el sentido de la moda de Mata Hari cautivó al público de todo el mundo.

El impacto del estilo de Mata Hari fue mucho más allá de sus actuaciones. Diseñadores y casas de moda, reconociendo el encanto de su estética, se inspiraron en su enigmático personaje. La industria de la moda adoptó su fusión de exotismo, sensualidad y misterio, incorporando elementos de su estilo a sus colecciones. Hoy, las pasarelas presentan prendas que rinden homenaje a las icónicas elecciones de Mata Hari, encarnando el atractivo atemporal que destiló durante su ilustre carrera.

Más allá de la moda, la influencia de Mata Hari se deja sentir en el mundo del teatro. Tanto durante su vida como en los años posteriores, su cautivadora historia ha sido adaptada en innumerables representaciones teatrales. El encanto de su trágica vida, rodeada de misterio e intriga, se ha convertido en una rica fuente de inspiración para dramaturgos y directores.

La historia de Mata Hari ha sido reinterpretada en varias producciones teatrales, cada una de ellas tratando de captar la esencia de su enigmático personaje y los dramáticos acontecimientos que se desarrollaron a su alrededor. Desde grandes producciones en prestigiosos teatros hasta representaciones más pequeñas e íntimas, el público ha quedado cautivado por la historia de la bailarina exótica convertida en presunta espía. Estas adaptaciones han permitido a la gente experimentar la magia de la vida de Mata Hari y perpetuar aún más su condición de leyenda.

Además, la influencia de Mata Hari en la cultura popular no se limita a los ámbitos de la moda y el teatro. Su enigmático encanto también ha impregnado el cine, la literatura e incluso la música. Innumerables películas, libros y canciones han tratado de captar la esencia de su cautivador personaje, permitiendo que su historia trascienda el tiempo y llegue a nuevos públicos.

En las adaptaciones cinematográficas, la historia de Mata Hari se ha representado desde varios ángulos, mostrando diferentes interpretaciones de su vida. Los cineastas han tratado de profundizar en los misterios que rodean sus supuestas actividades de espionaje, sus enredos amorosos y su trágico destino final. Al llevar su historia a la gran pantalla, estas películas han dado a conocer a Mata Hari a nuevas generaciones y han consolidado su lugar en la cultura popular.

Asimismo, el mundo de la literatura ha acogido la historia de Mata Hari, con numerosas novelas y biografías que relatan su fascinante vida. Los autores han ahondado en las complejidades de su personaje, arrojando luz sobre la mujer que se escondía tras su cautivadora presencia escénica y los rumores que rodeaban sus supuestas actividades de espionaje. Al explorar su vida a través de la palabra escrita, estos autores han mantenido vivo el legado de Mata Hari, perpetuando su enigmático encanto para las generaciones venideras.

En el campo de la música, la influencia de Mata Hari se deja sentir en sus evocadoras e hipnotizadoras composiciones. Los músicos se han inspirado en su encanto, su trágico destino y los dramáticos acontecimientos que rodearon su vida. Su historia se ha transformado en conmovedoras sinfonías, inquietantes melodías y poderosas letras que captan la esencia de su mística. A través de la música, el impacto de Mata Hari en la cultura popular ha trascendido las barreras idiomáticas y ha calado hondo en el público.

A medida que profundizamos en la significativa influencia de Mata Hari en la cultura popular, queda claro que su legado se extiende mucho más allá del escenario y del ámbito del espionaje. Sus cautivadoras elecciones de moda siguen inspirando a los diseñadores, su misteriosa historia sigue cautivando al público en el teatro, el cine y la literatura, y su enigmático personaje sigue evocando poderosas emociones a través de la música. El atractivo del personaje de Mata Hari sigue siendo tan potente como siempre, lo que garantiza su impacto duradero en la cultura popular de formas tan fascinantes como perdurables.

A lo largo de la segunda mitad del siglo XX y hasta nuestros días, la enigmática Mata Hari ha seguido dejando un impacto duradero en la cultura popular. Su influencia puede verse no sólo en la moda, el teatro, el cine, la literatura y la música, sino también en otras formas de expresión artística. Desde las artes visuales a la danza, el legado de Mata

Hari ha demostrado ser una fuente de inspiración para mentes creativas de todo el mundo.

En el ámbito de las artes visuales, la impactante y seductora presencia de Mata Hari ha sido captada por numerosos artistas. Pintores, escultores y fotógrafos han tratado de encapsular la esencia de su enigmático personaje a través del medio que han elegido. Representándola en diversas poses y escenarios, estos artistas han dado vida a su historia en el lienzo, en la piedra y a través del objetivo de una cámara. El encanto de la combinación única de sensualidad y misterio de Mata Hari sigue cautivando a artistas y espectadores por igual, y su representación visual sigue siendo un símbolo intemporal de intriga y fascinación.

La danza, como forma de arte, también ha estado muy influida por la enigmática Mata Hari. Sus actuaciones sensuales y exóticas fueron pioneras en un nuevo estilo de danza que mezclaba elementos de las culturas oriental y occidental. Esta fusión de estilos, conocida como "danza oriental" o "danza del vientre", sigue siendo enseñada e interpretada por bailarines de todo el mundo. Los elegantes movimientos de Mata Hari, sus elaborados trajes y sus expresiones seductoras sirvieron de modelo a las futuras bailarinas, cuyo legado perdura a través de sus actuaciones. Hoy en día, su influencia puede apreciarse en estilos de danza contemporánea que incorporan la misma sensualidad y encanto que ella llevó al escenario.

El impacto de Mata Hari en la cultura popular no se limita a los ámbitos del arte y la interpretación. Su historia también ha despertado la fascinación de historiadores y estudiosos, que han investigado y analizado en profundidad su vida y sus supuestas actividades de espionaje. Aunque su participación en labores de inteligencia durante la Primera Guerra Mundial sigue siendo objeto de debate y especulación, numerosos libros, trabajos académicos y documentales han tratado de explorar y arrojar luz sobre la verdad que se esconde tras el enigma que fue Mata Hari. Estos trabajos académicos siguen recurriendo a fuentes primarias y material de archivo, proporcionando nuevas perspectivas sobre su vida y ampliando nuestra comprensión del contexto histórico en el que operó.

Además, el enigmático personaje de Mata Hari ha inspirado a innumerables personas en su vida personal. Muchas personas se han sentido atraídas por emular su audacia, su espíritu libre y su negativa a ajustarse a las expectativas sociales. Desde aspirantes a artistas hasta entusiastas de la moda, todos han tratado de canalizar la seguridad en sí mismos y la fuerza interior que Mata Hari irradiaba. Su historia es un recordatorio de que se pueden desafiar los límites sociales y perseguir las propias pasiones con una determinación inquebrantable, a pesar de los obstáculos.

En los últimos años, el legado de Mata Hari ha seguido evolucionando y adaptándose al paisaje siempre cambiante de la cultura popular. A medida que la sociedad se hace más inclusiva y diversa, su historia ha adquirido un nuevo significado y resonancia. Su identidad multicultural, que ella celebraba sin reparos en sus elecciones de moda, sirve ahora de fuente de inspiración para quienes buscan abrazar y celebrar su propia herencia cultural. El atractivo atemporal de su sentido de la moda, con su fusión de influencias orientales y occidentales, sigue influyendo en los diseñadores contemporáneos que se esfuerzan por crear prendas únicas y culturalmente ricas que reflejen la diversidad del mundo en que vivimos.

En conclusión, la influencia de Mata Hari en la cultura popular es profunda y duradera. Desde sus icónicas elecciones de moda, que siguen inspirando a los diseñadores, hasta su cautivadora historia, inmortalizada en diversas formas de expresión artística, su enigmático encanto sigue siendo tan potente como siempre. El impacto de Mata Hari trasciende los escenarios y se extiende a los ámbitos de la moda, el teatro, el cine, la literatura, la música, las artes visuales, la danza e incluso la inspiración personal. Mientras seguimos explorando y celebrando su legado, recordamos la huella indeleble que ha dejado en nuestro imaginario colectivo y los límites que desafió en su búsqueda de la autoexpresión y la individualidad.

Capítulo 19: Lecciones de Mata Hari

Mata Hari, la enigmática y controvertida bailarina, ha dejado una huella indeleble en la historia. Su cautivadora seducción y su encanto mundano siguen fascinándonos, incluso un siglo después de su ejecución. En este capítulo nos adentramos en la extraordinaria vida de Mata Hari, extrayendo valiosas lecciones que trascienden el tiempo. A través de su historia, exploramos los temas de la identidad, la reinvención y las consecuencias de desafiar los límites sociales.

Nacida Margaretha Geertruida Zelle en 1876 en Leeuwarden (Países Bajos), Mata Hari luchó con su identidad desde una edad temprana. En su búsqueda de libertad y autoexpresión, encontró consuelo en la danza. Mata Hari se convirtió en su alter ego, un personaje exótico que creó para trascender su mundana existencia. A través de su acto de reinvención podemos aprender una valiosa lección.

Lección 1: El poder de la identidad

Mata Hari nos enseñó que la identidad no es un estado fijo, sino un concepto fluido al que se puede dar forma y moldear. En su búsqueda de la liberación personal, creó una identidad que resonaba con sus deseos y aspiraciones. Abrazó el poder de la narración, utilizando su nombre artístico para cautivar al público y transportarlo a su mundo.

A través de su viaje, Mata Hari nos recuerda la importancia de la autorreflexión y de abrazar nuestro verdadero yo. Explorando nuestras pasiones y superando los límites de las normas sociales podemos descubrir nuestra propia identidad.

Lección 2: El arte de la reinvención

La vida de Mata Hari fue un testimonio del arte de la reinvención. Buscó constantemente redefinirse, deshaciéndose de su pasado y adoptando nuevos personajes. De joven de origen humilde a bailarina de renombre y presunta agente doble, reescribió su propia narrativa una y otra vez.

La lección es que la reinvención no se limita a un único momento de la vida. Es un proceso continuo de autodescubrimiento y crecimiento. Mata Hari nos recuerda que nunca es demasiado tarde para reinventarnos, salir de nuestra zona de confort y reescribir la historia de nuestras vidas.

Lección 3: Las consecuencias de desafiar los límites sociales

La audacia de Mata Hari y su desafío a los límites sociales tuvieron importantes consecuencias. Durante un periodo de fuertes tensiones políticas en la Primera Guerra Mundial, sus ambiguas relaciones y viajes la convirtieron en blanco de sospechas. Acusada de espionaje, se enfrentó a un juicio que sellaría su destino. La historia de Mata Hari sirve de advertencia y nos recuerda las posibles repercusiones de desafiar las normas y los límites de la sociedad.

Al examinar su historia, nos enfrentamos a la complejidad de la libertad y al delicado equilibrio entre la autoexpresión y la aceptación social. Mata Hari nos obliga a cuestionarnos los límites de la libertad personal y las consecuencias de traspasar esas fronteras.

Al reflexionar sobre la primera mitad de la historia de Mata Hari, empezamos a comprender las poderosas lecciones que nos enseña. Su vida es un testimonio de la naturaleza fluida de la identidad, del poder transformador de la reinvención y de los riesgos que implica desafiar los límites sociales. En la segunda mitad de este capítulo, profundizaremos en los acontecimientos que condujeron a su juicio y ejecución, que iluminan aún más estos temas y suscitan preguntas que invitan a la reflexión.

Pero por ahora, hagamos una pausa, dejando a los lectores en suspense, ansiosos por descubrir qué destino aguarda a Mata Hari y qué más sabiduría puede ofrecer su vida.La vida de Mata Hari fue un delicado equilibrio entre la intriga y la audacia, un acto en la cuerda floja que finalmente la llevó por un camino traicionero. A medida que nos adentramos en la segunda parte de su historia, descubrimos los tumultuosos acontecimientos que condujeron finalmente a su juicio y ejecución, iluminando aún más las lecciones que imparte.

Lección 4: Los peligros de la manipulación

En su búsqueda de la libertad personal, Mata Hari se vio envuelta sin querer en los asuntos de los poderosos. Su seductora personalidad y sus ambiguas relaciones la convirtieron en un blanco perfecto para la manipulación. En plena Primera Guerra Mundial, los servicios de inteligencia alemanes y franceses trataron de aprovecharse de sus contactos y recabar información.

Aunque Mata Hari mantuvo su inocencia, sus acciones y antecedentes no hicieron más que alimentar las sospechas. Se convirtió en un peón en el juego de espionaje entre naciones, y su atractivo se convirtió en un arma en su contra. Este cuento con moraleja nos recuerda los peligros de ser manipulados, de aprender a discernir lo auténtico de lo engañoso. Mata Hari es un duro recordatorio del alto precio que esta manipulación puede suponer en la vida de una persona.

Lección 5: La complejidad de la verdad

Durante el juicio de Mata Hari, las fronteras entre la verdad y la ficción se difuminaron. Su vida como bailarina, sus supuestas actividades de espionaje y sus múltiples personajes contribuyeron a crear una narrativa difícil de desentrañar.

La verdad, en su forma más absoluta, parecía esquiva. Y a medida que avanzaba el juicio, se hizo evidente que la propia afición de Mata Hari a reinventarse había allanado el camino a la duda y la sospecha. La lección es que la complejidad de la verdad puede ser un arma de doble filo. Si bien otorga al individuo el poder de dar forma a su propia narrativa, también deja margen para la mala interpretación y la manipulación.

El juicio de Mata Hari nos obliga a enfrentarnos al reto de discernir la verdad en un mundo de sombras y fachadas. Nos enseña la importancia del pensamiento crítico y de la búsqueda de múltiples perspectivas, para no caer víctimas de las narrativas tejidas por quienes ocupan posiciones de poder.

Lección 6: Legado y percepción

La ejecución de Mata Hari marcó el trágico final de una vida marcada por la controversia y la audacia. Aunque sus verdaderas intenciones quedaran para siempre envueltas en el misterio, su legado perduró. Como las capas de una danza, su historia se despliega mucho después de su muerte, invitando al debate, la interpretación y la fascinación.

En la muerte, Mata Hari se convirtió en un símbolo del encanto del espionaje, una mujer fatal cuyas acciones cuestionaban las convenciones sociales. Su vida nos obliga a considerar el poder de la percepción y el papel que desempeña en la configuración del legado personal. Al reflexionar sobre su historia, recordamos la naturaleza subjetiva de la historia. Las mismas acciones pueden percibirse de forma diferente dependiendo de la lente a través de la que se examinen.

Mata Hari nos reta a cuestionar nuestras propias ideas preconcebidas y prejuicios, a reconocer la complejidad de los individuos y a no sucumbir a las etiquetas y juicios sociales. Su vida es una llamada a ver más allá de la superficie y explorar la naturaleza multidimensional de la humanidad.

El poder de la identidad, el arte de la reinvención, las consecuencias de desafiar los límites sociales, los peligros de la manipulación, la complejidad de la verdad y el legado que dejamos atrás: estos temas se entrelazan y desafían nuestra comprensión de la experiencia humana.

La enigmática existencia de Mata Hari nos recuerda constantemente que la vida es una intrincada danza entre elecciones y consecuencias, entre autonomía y expectativas sociales. Su historia nos anima a abrazar nuestras propias identidades fluidas, a reinventarnos cuando sea necesario y a navegar por las intrincadas fronteras de una sociedad que lucha por el progreso.

En el desafío de Mata Hari encontramos inspiración y cautela. Su vida es una lección sobre el poder que tenemos individual y colectivamente: el poder de trascender las limitaciones, de remodelar las narrativas y de redefinir lo que significa ser humano. Llevemos adelante la sabiduría adquirida en su tumultuoso viaje y sigamos cuestionando y desafiando los límites que nos limitan. Al hacerlo, descubriremos la libertad de vivir con autenticidad y valentía, como hizo Mata Hari.

Capítulo 20: Recordar una leyenda

Mata Hari, un nombre que ha resonado en los pasillos de la historia, desafiando fronteras y cautivando la imaginación de innumerables personas. Nacida como Margaretha Geertruida Zelle en Leeuwarden (Países Bajos) en 1876, acabaría forjando su propio destino de un modo que pocos podrían haber previsto. El enigmático personaje de Mata Hari y la intrigante historia de su vida han dejado una huella imborrable en nuestra conciencia colectiva, garantizando su estatus perdurable de leyenda.

Para comprender realmente las complejidades de la vida de Mata Hari, es necesario ahondar en sus primeros años. Creció en una familia de clase media y recibió una educación convencional. Sin embargo, su vida dio un giro radical cuando se casó con el capitán Rudolf John MacLeod, oficial de la marina holandesa. Su matrimonio fue tumultuoso, y Mata Hari sufrió un desengaño cuando su hijo murió a una edad temprana. Esta tragedia marcó un punto de inflexión en su vida y la encaminó hacia el autodescubrimiento y la reinvención.

Fue durante este periodo de transformación cuando Mata Hari adoptó una nueva identidad, adoptando el nombre que se convertiría en sinónimo de misterio y encanto. Inspirándose en la cultura indonesia, encarnó a una bailarina exótica y cortesana, captando la atención del público de toda Europa. Las actuaciones de Mata Hari se caracterizaban por sus movimientos provocativos, sus elaborados trajes y un innegable magnetismo que dejaba embelesados a sus espectadores. Su hechizante presencia desafiaba las normas sociales y desafiaba los límites de la acción femenina.

A medida que crecía su fama, también lo hacía el atractivo de la vida personal de Mata Hari. Corrían rumores sobre sus extravagantes aventuras con personajes influyentes de varios países. Fue durante la

Primera Guerra Mundial cuando las acciones de Mata Hari fueron objeto de un intenso escrutinio. Acusada de doble agente, se creía que había pasado información sensible a las autoridades francesas y alemanas. Las circunstancias que rodearon sus supuestas actividades de espionaje siguen rodeadas de misterio y engaño. El juicio y la posterior ejecución de Mata Hari en 1917 no hicieron más que alimentar el enigma que la rodeaba.

A pesar de la controversia y la ambigüedad que rodearon su vida, el legado de Mata Hari perdura. Su impacto cultural es palpable, evidente en sus innumerables representaciones en la literatura, el arte y la cultura popular. Ha inspirado novelas, películas e incluso un ballet. La historia de Mata Hari sigue cautivando al público, invitándonos a cuestionar el mito y la realidad que se entrelazan en su relato.

Más allá de la historia de una espía seductora, la vida de Mata Hari representa una compleja dicotomía de empoderamiento y vulnerabilidad. Desafió las limitaciones de la sociedad, abrazando su sexualidad y afirmando su independencia en una época en la que tales acciones eran recibidas con desdén. Sin embargo, también se enfrentó a las consecuencias de un mundo que condenaba a las mujeres que se atrevían a desafiar el statu quo. La historia de Mata Hari nos recuerda las luchas y los triunfos de innumerables mujeres a lo largo de la historia.

Al recordar esta leyenda, nos vemos obligados a explorar las intersecciones entre poder, deseo y agencia. Mata Hari se atrevió a navegar por un mundo que limitaba y confinaba a las mujeres, tratando de labrarse su propio camino. Su historia nos incita a reflexionar sobre los relatos no contados y oscurecidos por el tiempo, desafiando los relatos construidos de la historia.

Al embarcarnos en la segunda parte de este capítulo, las páginas que siguen profundizarán en los matices y paradojas del personaje de Mata

Hari. Descubriremos las motivaciones de sus supuestas actividades de espionaje y desvelaremos las capas de su enigmática personalidad. Únase a nosotros para descubrir la verdad que se esconde tras la leyenda y enfrentarse a las complejidades que yacen bajo la superficie.

A medida que seguimos explorando la vida y el legado de Mata Hari, debemos profundizar en los matices y paradojas de su carácter. Detrás de su enigmática personalidad y seductor encanto se esconde una mujer compleja que desafió las normas sociales y se enfrentó a las consecuencias de sus decisiones.

Aunque se especula mucho sobre las supuestas actividades de espionaje de Mata Hari durante la Primera Guerra Mundial, es imprescindible considerar las motivaciones que pudieron impulsar sus acciones. Algunos sostienen que Mata Hari fue obligada a convertirse en espía, mientras que otros creen que estaba motivada por el beneficio personal o el deseo de aventura. Para desentrañar la verdad hay que desvelar las capas de su historia y examinar las circunstancias en las que se encontró.

En medio de una Europa devastada por la guerra, llena de intrigas políticas y alianzas cambiantes, es plausible que Mata Hari se viera enredada en una red de espionaje. Sus conexiones con personajes influyentes de varios países la convirtieron en una candidata atractiva para las autoridades francesas y alemanas que buscaban información. Sin embargo, el verdadero alcance de su implicación sigue envuelto en el misterio y la especulación.

Cabe señalar que las acusaciones contra Mata Hari estaban alimentadas tanto por la misoginia como por la xenofobia. Como mujer que abrazaba su sexualidad y desafiaba las normas sociales, ya destacaba entre sus iguales. El escándalo y la controversia en torno a sus supuestas actividades de espionaje no hicieron sino empañar aún más su reputación. Los prejuicios de género y la doble moral de la época influyeron mucho en el destino de Mata Hari.

El juicio que siguió a la detención de Mata Hari en 1917 estuvo plagado de incoherencias, pruebas dudosas y una nube de sospechas que se cernía sobre cada una de sus palabras. A pesar de que negó rotundamente haber cometido delito alguno, fue declarada culpable y condenada a muerte por el pelotón de fusilamiento. La ejecución de Mata Hari marcó el trágico final de una mujer que se atrevió a desafiar los límites y a labrarse su propio camino.

Sin embargo, es importante reconocer que la historia de Mata Hari va más allá del escándalo y la intriga asociados a su nombre. Su vida representa un relato más amplio de empoderamiento, vulnerabilidad y lucha por la autonomía al que se han enfrentado innumerables mujeres a lo largo de la historia. Encarna las complejidades de navegar por un mundo que a menudo restringe y condena la ambición y la autonomía femeninas.

Al abrazar su sexualidad y afirmar su independencia, Mata Hari desafió las limitaciones sociales y los papeles tradicionales que se esperaban de las mujeres de su época. Ejemplificó el poder de la autoexpresión y el valor de vivir la vida según sus propios términos, incluso afrontando graves consecuencias.

Al recordar a Mata Hari, se nos incita a reflexionar sobre las historias no contadas, los relatos oscurecidos por el tiempo y los prejuicios que la historia ha construido. Su enigmático personaje nos invita a cuestionar la verdad que se esconde tras la leyenda y a considerar perspectivas alternativas.

La perdurable condición de leyenda de Mata Hari no sólo reside en su intrigante vida, sino también en el tampacto cultural que ha dejado tras de sí. Sigue cautivando al público e inspirando diversas formas de expresión artística, desde la literatura y el arte hasta el cine y el ballet. Su mística y su encanto siguen siendo irresistibles, lo que sugiere la universalidad de su historia y el atractivo intemporal de una mujer que desafió los límites.

Para terminar, reflexionemos sobre el legado perdurable de Mata Hari. Su viaje encarna las luchas y triunfos universales compartidos por mujeres de todas las generaciones. A través de una profunda exploración del poder, el deseo y la agencia, la narrativa de Mata Hari desvela el intrincado tapiz de fuerzas sociales que moldean su camino.

Aunque Mata Hari desafió los límites y despertó nuestra imaginación, su legado nos reta a reevaluar los prejuicios y limitaciones históricos. Como faro de resiliencia, Mata Hari nos invita a cuestionar las narrativas predominantes y a descubrir verdades ocultas en las sombras del pasado.

BY MAURICE NUREMBERG
DEFYING
BOUNDARIES:
THE ENIGMATIC MATA HARI
BY MAURICE NUREMBERG

SOBRE EL AUTOR

Maurice Nuremberg es un distinguido historiador y escritor, especializado en la vida de mujeres emblemáticas que han marcado la historia. Con un gran interés por desvelar los matices de sus historias, Maurice Nuremberg aporta una perspectiva única a las biografías históricas. Entre sus obras anteriores se encuentra El legado de los perdidos durante la guerra de Corea, que ha sido aclamada por la crítica por su profundidad de investigación y su atractivo estilo narrativo. Maurice Nuremberg es licenciado en Lingüística por la Universidad de Michigan y lleva años investigando y escribiendo sobre la intrincada vida de personajes históricos.